三个转变
从先锋到高峰

中铁高新工业股份有限公司 编著

人民日报出版社

图书在版编目(CIP)数据

三个转变：从先锋到高峰 / 中铁高新工业股份有限
公司编著 . –– 北京：人民日报出版社 , 2023.7
ISBN 978–7–5115–7887–7

Ⅰ . ①三… Ⅱ . ①中… Ⅲ . ①工业企业—企业发展—
研究—中国 Ⅳ . ① F425

中国国家版本馆 CIP 数据核字（2023）第 113769 号

书　　名：三个转变：从先锋到高峰
　　　　　SANGE　ZHUANBIAN：CONG　XIANFENG　DAO　GAOFENG
作　　者：中铁高新工业股份有限公司
出 版 人：刘华新
责任编辑：朱小玲
出版发行：人民日报出版社
社　　址：北京金台西路 2 号
邮政编码：100733
发行热线：(010) 65369509　65369527　65369846　65369512
邮购热线：(010) 65369530　65363527
编辑热线：(010) 65363486
网　　址：www.peopledailypress.com
经　　销：新华书店
印　　刷：三河市华东印刷有限公司
法律顾问：北京科宇律师事务所　010-83622312

开　　本：880mm×1230mm　1/32
字　　数：200 千字
印　　张：6.75
版次印次：2023 年 11 月第 1 版　　2023 年 11 月第 1 次印刷
书　　号：ISBN 978-7-5115-7887-7
定　　价：58.00 元

本书编委会

主　任：张　威

副主任：杨　飞

委　员：王　伟　焦　健　贾　飞

　　　　刘万野　李明瑞　钱帮蕾

　　　　张路超　赵　辉　丁　浩

　　　　段宏杰　刘　灿　董超雯

勇当制造业高质量发展开路先锋

创新是民族进步的灵魂，是国家兴旺发达的不竭源泉。只有拥有强大的自主创新能力，国家才能在激烈的国际竞争中赢得主动。今天的中国，拥有世界上最齐全、最完整的工业门类，特别是在工业制造多个领域取得了举世瞩目的成就。伟大成就的背后，是新中国几代领导人高瞻远瞩的国际视野和宏大布局，是新中国几代中国工业人不屈不挠、前仆后继的奋勇担当。

面对当今世界百年未有之大变局，中国工业制造也面临着前所未有的挑战，如何破局突围、追赶超越，在既有成绩的基础上百尺竿头更进一步，成为中国制造企业必须作答的一道命题。

2014 年 5 月 10 日，对于中国工业制造业来说，注定是一个难忘的日子。习近平总书记考察了中国中铁工程装备集团盾构总装车间，对现场科技人员和职工攻克科研难题、突破盾构机系统集成技术壁垒的自主创新给予肯定，并作出了"推动中国制造向中国创造转变、中国速度向中国质量转变、中国产品向中国品牌转变"的重要指示，成为中国工业企业高质量发展的根本遵循。

作为"三个转变"首倡地，中国中铁深感使命光荣、责任重大。我们始终牢记习近平总书记的殷殷嘱托，坚持以习近平新时代中国特色社会主义思想为指导，在做强做优做大国有企业、擦亮中国品牌上下功夫求实效，切实把"三个转变"重要指示转化为建设世界一流企业的生动实践。

聚焦主责主业，以专业优势塑品牌。自 1894 年山海关造桥厂开办，中国中铁走过了一百多年的光辉历程，在民族工业、基础设施和社会主义现代化建设中发挥了重要作用，以扎实的专业优势奠定了世界一流品牌建设的坚实基础。聚焦品质保障，以质量信誉固品牌。中国中铁始终把质量强国、践诺守信作为心系国之大者的应有之义，始终用锲而不舍、精益求精的工匠精神担当奉献，屡获质量领域权威奖项，有效抬升了世界品牌地位。聚焦硬核实力，以科技创新强品牌。中国中铁致力于打造原创技术"策源地"，始终坚持科技自立自强，持续加强科研攻关，多项桥梁、隧道、房建、电气化等建造技术达到世界先进水平，盾构机、桥梁钢结构、高铁道岔、架桥机等工业制造技术接连取得重大突破，推动我国在工程建造和装备制造领域实现由跟跑到并跑、再到领跑的重大历史性飞跃。聚焦市场需求，以全链服务优品牌。结合改革发展实际，聚焦建筑工程、勘察设计、设备制造和地产开发四大核心主业，形成在相关多元战略下建链、延链，积极拓展金融投资、物资贸易、资源利用等上下游产业，实现向全产业链综合服务商的转变，拓展品牌内涵。聚焦人才发展，以杰出人物亮品牌。自 1922 年，党的一大代表王尽美将马克思列宁主义带入中铁山海关造桥厂以来，中国中铁就有了融入血脉、薪火相传的红色基因，引领着一代又一代中国中铁人砥砺拼搏、锐意创新，涌现一大批杰出人物，让中国中铁品牌在世人面前更加鲜活生动。聚焦精神传承，以文化传播扬品牌。自 1950 年从贺龙同志手中接过"开路先锋"旗帜以来，中国中铁人始终听党话、跟党走，在国家重大工程建设中南征北战、顽强拼搏，构筑起了中国中铁人的精神谱系。面对跌宕起伏的国际市场形势，以及国内市场的需求变化，中国中铁致力于把新时期"开路先锋"文化更紧密地融入品牌文化建设，不断续写新时代长征路上的"中铁故事"。

2017 年，中国中铁践行"三个转变"重要指示精神，落实国企改革相关要求，整合旗下工业板块，组建了中铁高新工业股份有限公司。重组上市以来，中铁工业加快企业转型升级，优化资源配置，推进业务协同，开拓新兴产业，强化品牌建设，公司整体发展质量得到显著提升，品牌影响力不断扩大。目前，中铁工业全断面隧道掘进机、桥梁用钢铁结构、道岔、架桥机四项主营产品全部获评工信部"制造业单项冠军，"产品行销全球 70 多个国家和地区，产品质量和销量均居世界前列，成为中国高端装备走向世界的新名片。可以说，为中国制造业高质量发展蹚出了一条路，提供了很好的借鉴。

如果想要深入了解一家企业，就要去看这家企业发展的跌宕历程，去分析一个产业的前世今生。今天，欣闻《三个

转变——从先锋到高峰》即将付梓，我由衷地希望有更多的
读者能深入了解工业制造这个领域，通过对中铁工业发展
脉络的了解和掌握，从而对整个中国工业有更深刻的认识
和理解。

中国铁路工程集团有限公司党委书记、董事长

陈云

2023 年 9 月 27 日

目　录

前　言

　　勇当制造业高质量发展开路先锋 /1

第一章　中国工业的发展历史

　　对工业，我们了解多少 /3

　　翻开历史，看到工业的雏形 /12

　　工业革命掀起的浪潮 /18

第二章　想要一台中国的盾构机

　　工业发展史上的一颗星火 /29

　　世界第一台盾构机并不在中国 /34

　　人工掘进的瓶颈，呼唤中国的盾构机 /38

　　抓住时机，开启中国盾构机的研发 /41

第三章　从零到一的卓越

　　"863" 计划的推动 /53

　　打破壁垒，中国有了第一台复合式盾构机 /61

　　虽道阻且长，但信心满满 /66

第四章　变局中开新局

　　从一生二到三生万物 /73

　　扬帆起航，以市场为导向开拓进取 /76

　　抱团发展盾构机产业 /83

第五章　从国内到国外

开拓大西南，成都是重要一站 /95

挺进深圳，开拓华南 /104

提升产品，为走向海外做准备 /112

第六章　擦亮高端装备制造的名片

马来首秀，走向世界的第一步 /119

披荆斩棘，不断走向海外高地 /124

"三借"方略，"拳击组合"震惊世界 /127

第七章　工业革命的升级

一个振奋人心的日子 /135

捷报频传 /141

践行"三个转变"重要指示精神，实现再跨越 /151

各显神通，同台竞技 /155

钢架桥梁，架通世界 /158

道岔技术，世界的开创者与引领者 /164

核心人才的培养 /172

第八章　从先锋到高峰，前方是星辰大海

中国制造业的现状及未来 /179

对海外制造业的投资与展望 /192

我们的前方是星辰大海 /197

第一章

中国工业的发展历史

对工业，我们了解多少

1776 年，瓦特发明了世界上第一台有实用价值的蒸汽机，随后以工业化生产方式为特征的纺纱机、织布机、铁轨、铁桥、汽船……相继出现。

煤炭业、冶炼业、机器制造业等迅速发展，社会生产组织形式也随之发生根本性变化，工业化和城市化进程持续启动、加速。工业技术革命一旦开始，便势不可当，很快传遍整个西方世界。

1785 年，瓦特改良蒸汽机，在纺织厂投入使用，第一次工业革命由此拉开序幕。

1789 年，拉瓦锡撰写《化学概要》，计量化学诞生，为现代化学奠定基础。

1800 年，伏打电堆发明，电磁学奠定基础。

1807 年，第一台蒸汽轮机诞生，世界正式进入蒸汽机时代。

1811 年，阿伏伽德罗提出分子学说，现代化学和统计物理有了基石。

1820 年，奥斯特发现电流能使磁针转动，为电磁学历史上最关键的发现。

1824年，卡诺热机模型提出，成为现代热学的发端。

1831年，法拉第研究电磁感应现象，完成"磁生电"实验。

1840年，第一台在轨火车问世，意味着人类代步工具的革命性改变。

1842年，第一个现代麻醉剂用于外科手术，现代医学诞生。

······

一系列科技发明带来工业领域的突破。时间的飞针旋转到21世纪，工业迭代的速度更是令人目不暇接。

一个国家现代工业的能力，直接决定国民经济现代化的速度、规模和水平。在许多国家，工业已成为国民财政收入的主要来源，不仅为人民群众提供各种琳琅满目的日常消费品，而且为原材料、燃料、动力等上下游相关配套产业，提供了蓬勃发展的机遇。强大的工业能力，更是一个国家经济自主、政治独立、国防现代化的重要保障。

那么，现在中国工业的主体是什么呢？中国工业仍以基础工业为主，其中包括能源工业、钢铁工业、机械工业等。

一、能源工业

能源工业主要包括煤炭、石油与天然气和电力。由于三者的开发与生产条件、生产工艺和运输条件不同，故生产布局各具特点。煤炭资源的数量、质量、品种和开发条件、分布状况、地理位置，决定其开发规模。

例如，一处煤田是否能开发或优先布局，除资源条件外，地理位置也是重要因素。地理位置优越，如煤田靠近能源消费中心，靠近能源产销最佳区位，则易于获得必要的技术经济支援，常会得到优先开发。

石油工业主要包括采油、采气和油气炼制。石油与天然气的开发、布局取决于油气资源蕴藏量与储存条件。地下能源发现地所在的地理位置，往往对油气田的开发先后顺序有重要影响。若油气田交通位置优越，又靠近经济发达地区，其开发价值更大；相反，开发那些边远地区、交通不便的油气田，困难则较大。炼油工业布局既受资源条件影响，又受市场因素影响。因石油产品品种复杂，对运输条件要求较高，运成品油不如运原油经济。随着炼油工业日益发展成为石油化工联合企业，炼油工业多趋向于在消费区设厂。

中国是世界上最早发现和利用石油的国家之一。勘探、开采、加工石油的一系列过程，包括天然石油和页油岩的勘探、开采、炼制、储运等，由石油部门完成。中国的石油工业分布与石油资源的分布大体一致，主要分布于中国北方、西部，如黑龙江大庆，山东东营，新疆克拉玛依、塔中塔北地区等。

电力工业主要包括火电、水电和核电。火电厂布局首先要考虑燃料来源和负荷位置，水源也是很重要的条件。水电站布局受水力资源制约，其建设与河流综合开发利用密切相关。核电站使用的核燃料数量很少，其布局基本不受资源条件限制，但受水源条件影响较大，宜布局在靠近充足水源又远离稠密居民点的地方。

电力工业为工业和国民经济其他部门提供基本动力。电力部门将煤炭、石油、天然气、核燃料、水能、海洋能、风能、太阳能、生物质能等能源经发电设施转换成电能，再通过输电、变电与配电系统供给用户，电能的生产过程和消费过程是同时进行的，既不能中断，又不能储存，需要统一调度和分配。

电力工业主要包括 5 个生产环节。①发电，包括火力发电、水力发电、核能和其他能源发电。例如：中国火电主要集中分布在中国北方产煤区，以利用煤炭为主；水电主要集中分布于南方水能丰富的河源区；核电分布还不是很典型。②输电，包括交流输电和直流输电。例如，中国最大的输电工程有西电东送工程等。③变电。④配电。⑤用电，包括用电设备的安装、使用和用电负荷的控制，以及将这 5 个环节所存在的设备连接起来的电力系统。此外，还包括规划、勘测设计和施工等电力基本建设、电力科学技术研究和电力机械设备制造。

中国是世界上最大的产煤国之一。煤炭工业在中国经济活动中，也占有极其重要的地位。据统计，我国的统配煤矿占 44.2%，地方国有煤矿占 18.7%，乡镇和个体煤矿占 36.7%。全国 70% 的工业燃料和动力、80% 的民用商品能源、60% 的化工原料是由煤炭提供的。年产 10mt 以上的大型矿区有山西大同、西山、阳泉、晋城，河北开滦、峰峰，河南平顶山、义马，黑龙江鹤岗、鸡西、双鸭山，安徽淮北，江苏徐州，辽宁阜新、铁法，山东兖州，等等。

二、钢铁工业

钢铁工业亦称黑色冶金工业。钢铁工业是重要的基础工

业部门，是发展国民经济与国防建设的物质基础，冶金工业
水平是衡量一个国家工业化水平高低的重要指标。

　　钢铁工业体系庞杂，它的原料、燃料及辅助材料等资源
状况，直接影响钢铁工业的规模、产品质量、经济效益以及
布局方向。铁矿石则是"铁之母"。我国的铁矿主要集中在
内蒙古包头地区、白云鄂博地区。白云鄂博，原名白云保格
德，蒙古语意是富饶的圣山。白云鄂博是一座巨大的多金属
共生矿床，铁矿石、稀土和稀有金属的储量都极为丰富，铁
矿含铁33%，同时伴生有稀土13%、钍0.2%、萤石16.5%，
其稀土矿的总储量比世界上其他各国的总和还要多。

　　四川攀枝花地区的攀西成矿带已探明有工业储量的矿产
47种，产地207个，其中钒钛磁铁矿达98.86亿吨，占全国
铁矿储量的20%，钒、钛储量也非常丰富。雅砻江、金沙江
流经攀枝花，因此攀西成为水能资源和矿产资源结合在一起
的一块宝地。

　　新疆也是我国铁矿主要分布区，以储量丰富、分布广、
类型齐全、富矿多著称，现已探明一大批大、中型矿产地，
如哈密地区新发现的大型富铁矿群——磁海铁矿，含铁品位
为40%—65%。仅它的附近就有6个中型矿，如式可布台富
铁矿、莫托沙拉锰铁富矿床，矿石含铁量高达56%。

　　云南省内铁矿资源较丰富，全省储量达12.8亿吨，富矿
占1/4强，现有产地71处，已建矿山13处，如大红山铁矿
是伴有金、铱、钴等多种金属的大型富矿。

　　其他矿区如贵州水城观音山、赫章铁矿山、独山平黄山
和遵义地区、宁夏的石嘴山、广西的灵川和环江、雅脉等地

也都有铁矿资源。

焦炭是钢铁工业的燃料。炼焦煤资源主要分布在内蒙古西部乌达和渤海湾地带、中部准格尔煤田，所生产的焦煤主要供应包头钢铁厂。贵州的六盘水煤矿是全国重点焦炭基地之一，所生产焦炭主要供应攀枝花钢铁厂，此外还供应西南和两广地区钢铁企业。宁夏石炭井所生产的焦炭主要供应包钢和首钢等。另外，在新疆、云南也有焦煤生产。民族地区焦炭煤很丰富，在数量上完全可以满足本地区钢铁工业的需要。

钢铁工业辅助原料资源。钢铁工业除需要大量铁矿石、焦炭等主要原料外，还需锰矿、石灰石、白云石、萤石、硅石及耐火材料等辅助材料。

锰矿称为黑色金属资源，是铁合金原料，它能增加钢铁的硬度、延展性、韧性和抗磨能力，还是高炉的脱氧脱硫剂。中国锰矿储量达 4 亿吨左右，居世界第四位。广西锰矿总储量占全国 1/3，遍布全区 34 个县、市，其中以桂平、钦县最为集中，年产量占全国 50% 左右。贵州锰矿也有相当多的储量，集中于遵义市郊。

我国熔剂石灰石、白云石以及萤石、硅石等储量也很大，分布广，相对集中于中南地区，其中硅石则以西北地区为最多。

三、机械工业

机械工业素有"工业心脏"之称，是一切经济部门发展的基础，机械工业的发展水平，最能直观体现一个国家工业化的程度。

新中国成立前，我国机械工业大部分是一些规模小、设备简陋、生产能力低的机器装配、修理与零件制造业，而且绝大部分又集中在沿海地带的城市群和内地的太原、重庆、武汉等少数几个大城市。

新中国成立后，随着国家工业的迅速发展，机械工业也得到较快发展，从制造机电产品到制造大型复杂的精密设备，乃至生产电子产品，形成了门类比较齐全、布局日趋合理、具有一定规模和技术水平的现代化机械工业系统。

随后，国内出现了一批如交通运输设备制造、电气机械和器材制造、仪器仪表及计量器具制造等机械工业基地，产地主要集中在呼和浩特、银川、乌鲁木齐、昆明、贵阳、南宁、柳州、梧州等市。

但是，这些仍然不能满足经济日益发展的需要。主要问题是：虽然发展较快，但基础差，发展水平不平均，生产水平较低下，设备陈旧简陋，消耗高，经济效益差，交通不便，信息不灵，应变能力差，管理落后，产品单一，缺乏竞争力，等等。

机械工业按其服务对象，可分为工业设备、农业机械、交通运输等机械制造业。

工业设备制造业

工业设备制造业，是指生产各种工业机器设备的企业。主要包括重型机械、通用机械、机床工具、仪器仪表、电器制造和轻纺工业设备。

新中国成立前，中国工业设备制造业虽然很少有全国意

9

义的大型企业，但各省区都普遍地建立了一批中小型企业，对地方的经济发展起到了积极作用。例如，广西在新中国成立前，机械工业十分落后，当时最大的柳州中国农机公司（柳州机械厂的前身）仅有 28 台破旧机床和 220 名职工，只能生产手摇榨油机、畜力榨蔗机等简易产品。

新中国成立后，广西机械工业得到迅速发展。全区逐步形成了农机工业、电器工业、机床工具工业、石油化工通用机械工业、仪器仪表工业、重型矿山机械工业、汽车工业、包装机械工业、通用基础件工业和轴承工业等门类较齐全的 10 多个制造行业，主要产品达 2000 多种，其中有 80 多种曾获国家、机械工业部、自治区优质产品称号，并有机床、锻压设备、家用电器、手扶拖拉机、微型汽车等 30 多种产品，远销东南亚及法、美、日等 20 多个国家和地区。另外，云南、内蒙古、宁夏等省区工业设备制造发展得也很快。

农业机械制造业

农业现代化离不开农业机械工业。在众多的农业机械中，拖拉机是最基本的农业机械。柳州是全国八大拖拉机生产基地之一，乌鲁木齐、喀什、西宁、银川、昆明、贵阳等地有各种类型的农机企业，内蒙古海拉尔为牧业机械主要产地。其他农具与配件生产则遍布各省区市。

交通运输机械制造业

交通运输业是国民经济的重要组成部分，运输机械制造业的发展对促进交通运输现代化具有十分重要的意义。运输机械制造包括铁路机车车辆、汽车、船舶和飞机制造等。我国工业起步初期，由于工业基础薄弱，运输机械制造发展较缓慢，主要生产汽车和摩托车等。交通运输机械制造业，最初在地区分布上也不够平衡，主要分布在广西、内蒙古、云南、贵州、青海和新疆等省区。

高新工业

我们一般将高新工业与信息技术、生物技术、新材料技术三大领域画等号。高新工业包含的领域相当广泛，它大致包括电子与信息技术、生物工程和新医药技术、新材料及应用技术、先进制造技术、航空航天技术、海洋工程技术、核应用技术、新能源与高效节能技术、环境保护新技术、现代农业技术，以及其他在传统产业改造中应用的新工艺、新技术。

随着中国综合实力的提升，不可避免地对美国在政治、经济、军事等诸多领域的全球优势带来挑战，其中包括决定未来竞争力的科技行业。据统计，2010 年至 2020 年，美国政府对近 1000 家中国高科技公司实施"实体清单"制裁。

"任何事物都有其两面性"，形势虽严峻，但机遇亦在酝酿之中，我们自立自强，守正创新，努力实现科技强国。

翻开历史，看到工业的雏形

封建社会的基本阶级，大致以士农工商为主。士居前，商居后。工业和商业，在中国古代不太受重视，掌握着话语权的是士人及以上阶级，因此工业和商业的历史，在我国古代史料中相对较少，但在浩如烟海的历史资料中，对零星的、碎片化的资料进行梳理，依旧可以窥见中国的工业史。

一个社会的生产力发展是从生产工具的改革，特别是耕作技术的进步开始的。在春秋战国时期，生产工具和生产技术有了显著的进步，尤其是铁质农具和牛耕的使用，社会生产力迅速发展。

衣食住行所需的很多工具、器具都是用铁制造的，比如炊具当中最常用的铁锅即是一例。中国的冶铁技术虽然较印度、希腊等文明古国起步晚，但因有商周时期青铜冶炼技术的传承，中国的冶铁技术发展非常快。春秋战国时期，中国的农业生产工具之所以能够突出进步，正是由于冶铁技术的两个重大发明，即铸铁（生铁）冶炼技术的发明和铸铁柔化技术的发明。正是由于这两项重大发明，铁农具很快大规模应用于农业，促使农业生产技术突飞猛进，生产效率得到很大提高。

有人将铸铁冶炼技术称为中国的第五大发明，其实不无道理。铁犁在春秋战国时期是一种先进农具，使农业劳动力大大得到解放。

冶铁技术只是中国古代工业技术的冰山一角，中国古代领先同时期其他文明的各种"黑科技"俯拾皆是。例如主张"兼爱""非攻"的墨家发明了很多军事"黑科技"，如连弩车、转射机、籍车等军事武器。再如宋代的"猛火油柜"，这是一种早期的火焰喷射器。

其他如指南车、记里鼓车、龙骨水车、水磨、水碓、水排、耧车、绫机、投石机、擒纵器等，无法尽数的复杂机械家族，足以反映中华文明在工业领域的创造创新能力。

代表古代织造技术最高成就的是一种名为"提花机"的发明。花本式提花机出现于东汉，又称花楼。它用线制花本贮存提花程序，再用衢线牵引经丝开口。花本是提花机上贮存纹样信息的一套程序，它由代表经线的脚子线和代表纬线的耳子线根据纹样要求编织而成。上机时，脚子线与提升经线的纤线相连，此时，拉动耳子线一侧的脚子线就可以起到提升相关经线的作用。织造时上下两人配合，一人为挽花工，坐在三尺高的花楼上挽花提综，一人踏杆引纬织造。提花机后经丝绸之路传入西方，对现代电子计算机发展中程序控制与存储技术的发明有一定的启示作用。

除了以上这些创新，在开采方面，中国古代也有不凡的"黑科技"。

北宋庆历年间，一群四川人想从地下挖些东西，于是七八个人搭好脚手架，一下子挖下去上千米，然后……出水了。据史料记载，挖出的地下水又苦又咸，留着晒干制盐正好。这就是后来闻名全球的冲击式顿钻法，开创人类机械钻井技术的先河，国外掌握这门技术比中国至少要晚750年。这一深井钻凿技术后来传到西方，有力地推动了世界钻井技术的发展。现代开采石油天然气仍然深受这一技术的影响。

沿用至今的冲击式顿钻法利用钻头自由下落的冲击，破碎岩石，使井不断加深。此工艺可钻达千米深的地下，被古人形象地称作"卓筒井"法，这一方法被科技史学家李约瑟誉为"中国文化中最为壮观的应用"。"卓筒井"法到明代基本成熟，至清代臻于完善。在此发展过程中，人们改善了钻井和汲制技艺，还开发出了天然气，这种冲击式顿钻法的不断完善是伴随着长期的工艺创新的。

早在文艺复兴时期，意大利数学家卡丹就高度赞誉了中国人发明的指南针、印刷术和火药。后来，培根、伏尔泰和马克思等人进一步指出这三项发明对世界历史进程的重要影响。

19世纪下半叶，来华传教士艾约瑟将造纸术与印刷术、指南针、火药并列为中国的卓越发明。此后，"四大发明"成为中华文明的标志。

火药可能是某个炼丹术士或炼金术士意外发现的，目前普遍认为火药在唐代已正式出现，并在宋代广泛应用于战争，宋代中后期火药火器已普遍用于野战和水战之中。宋代的火炮威力日增，操作也渐趋专业化，于是炮兵成为独立兵种，建成世界上第一支专业炮兵。可以说，宋代开启了人类战争史从冷兵器过渡到冷兵器和火器并用的时代。

毕昇发明的活字印刷术是划时代事件。第一次把印刷从整块雕版改为单字排版，大大提高了印刷效率，也提高了印刷效益。毕昇发明活字印刷术之前，雕版印刷不容许出错，否则很难修改，而活字印刷一旦发现错误，立即就可以重新校对排版，方便快捷。同时雕版印刷只能印一种书，如果一本书印刷数量足够满足市场需求，印刷板块就只能丢弃一旁；而活字印刷可拆可解，每一个字都可以重复使用，有效避免了原料和人工的浪费。

指南针发明时间比较模糊，可以确定的是春秋战国时期已经开始利用磁石指向。后来，古人渐渐发现可以用人工磁化法制造指南针。宋代沈括《梦溪笔谈》一书中，详细记载了指南针的四种装置方法，在宋代，中国海船已广泛使用航海罗盘，熟练掌握了先进的航海导航技术。

造纸术的发明者是东汉人蔡伦，他在汉代植皮造纸的基础上加以改进，发明了比较实用廉价的纤维制纸法。中国古代最早是靠龟甲、兽骨、竹简等来记录事物的，造纸术大大促进了世界文明的发展速度，到了宋代，造纸技术成熟，能利用旧纸回槽，实现再生产，纸的用途也更加广泛。

到了元朝，中国古代工业开始进入衰退时代，甚至可以说回落到低谷。同时期的欧洲国家，工业发展却在这个时期后来者居上。

到了明清时期，中国工业已远远落后于同时期西方国家，工业发展滞后，工业文化墨守成规，早已失去了那种雄浑壮阔的磅礴气象。

18 世纪，在工业革命的推动下，世界先进国家以动力机器开创了世界工业的新纪元，资本主义社会财富以惊人的速度被创造出来，西方国家也因此享受了早期工业革命的红利。东方的大清帝国，却麻木僵化、自以为是，在闭关锁国的政策下，与世界工业的发展严重脱轨。

鸦片战争、甲午战争、庚子事变等事件，让中国的一些有识之士，终于看清了我们与发达国家在工业领域的巨大差距。

影响深远的洋务运动应运而生。洋务领袖们，从西方引进大量先进机器甚至现代化的企业管理方式，并在短时期内取得一定的成效。随之，一股可以动摇清政府统治的资产阶级力量随之兴起。

洋务运动掀起后，中国工业新式企业曾达到 300 多个，资本总额达到 14941 万银圆。在当时封建势力重重阻挠的情况下，还能取得这样良好的成绩，确属来之不易。公正地说，洋务运动给近代中国吹来了一股清新的工业之风，一大批民族工业也随之诞生。

不如看一下洋务运动给当时的中国带来的成绩单。

1. 兴办了一批新式军事工业，大小共 24 个单位，其中以江南制造局、福州船政局、金陵制造局、天津机器局、湖北枪炮厂等 5 个单位的规模最大。

2. 兴办了一批新式民用工矿企业，先后共计 29 个单位，包括煤矿 11 个，各种金属矿 12 个，钢铁厂 2 个，纺织厂 4 个。

3. 兴办了一批近代交通运输事业，包括拥有 20 余艘近 5

万吨商轮的轮船招商局，已筑成的台湾铁路及京奉铁路至山海关段共 364 公里，开始兴建的京汉铁路，通达全国主要行省的电报及邮政等事业。其中就有中铁工业的源流企业，清政府于 1894 年建立的山海关造桥厂。

洋务运动在制造工业和原材料工业等方面，也取得十分显著的成绩，还培养了一大批近代新式工业的技术人才。当时留学海外的学生，很多回国之后，成为工业领域的栋梁和主力。近代中国工业的所有制形式有四种：外资企业、政府主办（也就是官办）、官督商办、民办。官督商办和政府主办实则可划为同类企业，都由洋务派主持兴办，但从资本所有制的性质来看，官督商办属于私人资本组合。这些不同的企业形式一定程度上助推了中国新式企业向现代企业的快速转变。

1894 年 4 月 11 日，山海关造桥厂正式开工，年生产能力为 500 吨。

工业革命掀起的浪潮

世界工业大变局，由三次工业革命所引领。

第一次工业革命让英国脱胎换骨，成为世界霸主。因技术创新而来的第一次工业革命，并非简单地提升技术条件，更重要的是成本核算。使用新技术切切实实地能为企业省钱，也因此，人们才会更有动力去发明其他更新的技术。

尤其在工业化之初，工业生产力还没有让统治阶层看到显性的军事价值，成本核算是新技术去留的重要准绳。而在当时，全世界唯一能够靠新技术盈利的国家就是英国。煤矿的煤可以直接被填入蒸汽机用来挖更多的煤，并就近输送到附近工坊为机械提供动力。

第一次工业革命为英国创造了巨大的社会生产力。工业革命前后 80 年，英国工人的劳动生产率提高 20 倍，棉纺工人生产率高于手纺工人 266 倍。18 世纪中叶，英国的煤产量、棉花加工量都相当于世界的一半，英国工业产值占整个世界的一半还多，铁路超过一万公里，伦敦成为世界金融中心，英国也因此获得了"世界工厂"的称誉，成为当时世界上最强大的国家。当时英国几乎可以以一国之力对抗整个世界。

从某种程度上说，是第一次工业革命塑造了我们现在这个世界。工业革命彻底改造了英国社会，它使英国率先迈进了现代化的大门，使英国成为第一个现代化国家，也迫使整个世界随着英国向现代化的方向前进，可以说是英国引领了当时世界的潮流，打开了现代世界的大门。

这时，各国雨后春笋般涌现出许多工业领域的发明制造。

1. 1733 年，机械师凯伊发明了"飞梭"，大大提高了织布的速度，纺纱顿时供不应求。

2. 1765 年，织工哈格里夫斯发明了"珍妮纺纱机"。"珍妮纺纱机"的出现，首先在棉纺织业引发了技术革新的连锁反应，揭开了工业革命的序幕。如在棉纺织业中出现了螺机、水力织布机等先进机器。不久，在采煤、冶金等许多工业部门，也陆续有了一系列发明。随着机器生产越来越多，原有的动力如畜力、水力和风力等，已经无法满足大生产需要，并被逐渐淘汰。

3. 1785 年，瓦特制成的改良型蒸汽机投入使用，更加便利的动力得到了迅速推广和应用，推动了机器的普及和发展，人类社会进入"蒸汽时代"。

4. 1807 年，美国人富尔顿制成的以蒸汽为动力的汽船试航成功。

5. 1814 年，英国人史蒂芬孙发明了"蒸汽机车"。

6. 1825 年，史蒂芬孙亲自驾驶着一列拖有 34 节小车厢的蒸汽火车试车。该火车试车成功，人类的交通运输业进入一个以蒸汽为动力的时代。

7. 1840 年前后，英国的大机器生产已基本取代了传统的工厂手工业。

第一次工业革命的基本完成,让英国成为世界上第一个工业国家。随之,法国、德国、西班牙等也相继加入进来,并展开了一场声势浩大的工业竞争大战。

第一次工业革命过去没多久,第二次工业革命就拉开了序幕。第二次工业革命几乎同时发生在几个先进的资本主义国家,尤其以德国和美国最为典型。

美德两国后来居上,它们不惜代价率先完成了新的工业改革,有效推动了本国工业生产力的飞速发展,也对整个人类社会的发展产生了深远和积极的影响。资本主义生产的社会化也因此大大加强。人类进入电气时代。

电能的应用不仅影响到物质生产的各个方面,也越来越广泛地渗透到人类生活的各个层面,如医疗电器的广泛应用、家用电器的普及。电气化程度已成为衡量社会物质文明发展水平的重要标志之一。

第二次工业革命使得资本主义各国在经济、文化、政治、军事等各个方面发展极不平衡。帝国主义争夺世界市场和争夺世界霸权的斗争也更加激烈。第二次工业革命,更加促进和巩固了世界殖民体系的形成。工业生产的发展改变了世界的大势和格局。走在最前面的国家,最先尝到了工业革命带来的红利,也因此在世界的竞争格局中,掌握着更加有力的话语权,新的世界秩序日渐形成。

第二次工业革命的主要产品:

1. 1866 年,德国科学家西门子制成了第一部发电机。

2. 1870 年，比利时人格拉姆发明了电动机，电力开始用于带动机器，成为补充和取代蒸汽动力的新能源。电力工业和电器制造业迅速发展起来。人类从此跨入电气时代。

3. 1882 年，美国发明家爱迪生在纽约建立了美国第一个火力发电站，把输电线连接成网络。

4. 1883 年，德国工程师戴姆勒又发明了以汽油为燃料的内燃机。

5. 1885 年，德国机械工程师卡尔·本茨制造完成第一辆汽车，本茨因此被称为"汽车之父"。

6. 1897 年，德国工程师狄塞尔发明了一种结构更加简单、燃料更加便宜的内燃机——柴油机。

7. 1896 年，美国人亨利·福特制造了第一辆四轮汽车。

8. 1903 年，美国人莱特兄弟发明飞机。

两次声势浩大的工业革命让工业发展的星火逐渐从英国向西欧大陆和北美蔓延，进而扩展到世界其他国家和地区。

当此之时，中国正值闭关锁国的清朝，虽然第一次工业革命的中晚期，清政府也曾试图做一些努力和尝试，譬如派遣留学生到国外学习，希望西学东渐。但总体来说，洋务运动之前，些许努力都收效甚微，没有改变中国的现状。

两次工业革命给世界各国带来了不一样的命运，抓住机遇则由弱至强，错过机遇，则迟滞不前。以美国为例。第二次工业革命期间，美国铁路建设成绩斐然，铁路大建设扩大了美国经济版图，促使美国更多资源得以开发利用。他们通过"私人投资、政府援助"的方式，取得了铁路建设的巨大发展，极大地推动了西部开发和国家经济增长。

两次工业革命让西方资本主义国家彻底抛弃了手工作坊式的工业模式。

第二次世界大战结束后，第三次工业革命也在逐渐萌芽。如果说，第一次工业革命让世界进入"大机器生产"，第二次工业革命彻底实现生产的电气化——"大规模的标准化生产"，使人类历史从蒸汽时代跨入电气时代，那么，第三次工业革命就把人类带入了信息时代。

第三次工业革命发生于20世纪四五十年代，以电子计算机、原子能技术和航天技术为代表，尤其电子计算机的迅速发展和广泛应用，拉开了信息技术革命的序幕，信息技术成为拉动经济的新的增长点，大大改变了世界面貌和人类的生活，工业技术领域的创新渐趋活跃，经济社会结构因此发生新的革命性调整。

著名计算机科学家吴军在《硅谷之谜》中提到，信息时代的科学基础与前两次工业时代的科学基础完全不同，系统论、控制论和信息论取代了牛顿的机械力学，成为社会主导的理论基础。其中，系统论要求把事物当作一个整体或系统来研究，并用数学模型去描述和确定系统的结构和行为。而控制论是研究系统的状态、功能、行为方式及变动趋势，控制系统的稳定，揭示不同系统的共同控制规律，使系统按预定目标运行的技术科学。归根结底，它是用概率论和数理统计方法，从量的方面来研究系统的信息如何获取、加工、处理、传输和控制的一门科学。

在工业时代，信息也能创造价值，但往往得不到准确的测量。在信息时代，有关信息产业周边的 IT、互联网除了是重要的产业之外，也能够与传统行业相结合，释放出更大的能量。首先，计算机产业生产率的显著提高，对于整体经济生产率的提高，有着直接而且主要的贡献。其次，计算机和软件价格的下降，导致整个经济对于计算机的投资和使用的增加，即资本深化。最后，信息技术的进步会使密集使用计算机的经济部门生产率提高。

工业生产也随着计算机技术的广泛应用，实现了生产领域的真正自动化，也就是"自动的、大规模的标准化生产"。这时企业所追求的，不仅是产品和数量，而且有产品质量的提升。

新中国第一代领导人敏锐地抓住了这一历史机遇。

新中国成立之初，工业基础非常薄弱，物资极度匮乏。不仅如此，国际环境也相对恶劣，与新中国建交的国家屈指可数。新中国开启了伟大的社会主义工业化进程。中国在近30 年的时间（1949—1978 年）里取得了较大成就。

1978 年，中国的工业总产值较之 1949 年新中国成立之初，整整增长了 30 多倍，其中，仅重工业总产值，就增长了 90 倍。中国工业产量，几乎以每年 11% 以上的速度在不断增长。以钢铁为例，1952—1976 年，钢铁产量从 140 万吨增长到了 6500 万吨；煤炭产量从 6600 万吨增长到了 61700 万吨；水泥产量从 300 万吨增长到了 6500 万吨；木材产量从 1100 万吨增长到了 5100 万吨；原油产量从空白变成了 10400 万吨；化肥产量从 3.9 万吨上升到了 869.3 万吨；……

这些成就为改革开放以后中国经济的飞速发展打下了坚实的基础。

这里回顾一下 1958—1978 年新中国在工业战线上的主要成绩单。

1958 年，中国成功制造了第一代电子管计算机。

1964 年，中国第一颗原子弹爆炸成功。

1965 年，中国自主研制的第一块集成电路研制成功。

1967 年，中国第一颗氢弹研制成功。

1970 年，中国第一颗人造卫星发射成功。

1973 年，第三代集成电路计算机研制成功。

1975 年，国产大飞机运－10 完成设计工作。

……

两弹一星、生物工程、海洋工程、建筑工程、新材料，这些第三次工业革命最核心的领域，我们奋力追赶，不断学习、借鉴、吸收，其中一些技术和水平，甚至走在了世界前列。披荆斩棘，逢山开路，遇水搭桥，自给自足，从小变大，从弱到强，从无到有，这就是新中国第一代工业人走过的最真实的艰辛历程。

改革开放以来特别是进入新时代以来，我国工业发展取得了巨大成就：

1. 2021 年中国工业增加值达到 372575 亿元人民币，按全年人民币对美元平均汇率计算大约是 57760 亿美元，位居全球第一；第二名美国同年工业增加值约为 4 万亿美元。

2. 2021 年中国制造业增加值规模达到 31.4 万亿元人民币，大约是 4.87 万亿美元，连续 12 年位居全球第一；第二名美国同年制造业增加值是 2.38 万亿美元。

3.2021 年中国出口总额达到 21.73 万亿元人民币，折合美元大约是 3.37 万亿美元；第二名美国同年出口总额约为 2.52 万亿美元。

4. 多项单一产品位居全球第一。截至 2021 年，我国有 220 多种工业产品产量位居全球第一，包括钢铁、煤炭、水泥、汽车、电动车、手机、电脑、洗衣机、空调、电视、电风扇、吸尘器、抽油烟机、录音机、钟表、服装、皮革等。

5. 工业门类全球最完善。我国是全球产业链最完善的国家。

中国工业经数十年的发展，虽然取得了骄人的成绩，但仍在一些高新科技领域，有技术难题尚待攻克，在全球产业链当中，我国仍然处于相对比较被动的地位，跟欧美一些国家掌控全球产业链的顶端相比仍然有一定的差距。

近几年，我国一直在不断加大技术研发力度及资金投入力度，很多产品已经实现了技术突破，甚至有些技术已经处于世界先进的水平，如特高压输电技术、量子计算通信、高铁技术、新能源汽车技术、5G 技术、基因工程、激光技术、航空航天技术、码头建设技术、核能应用技术、无人机技术等领域。

当今世界百年未有之大变局加速演进，国际环境错综复杂，世界经济陷入低迷期，全球产业链供应链面临重塑，不稳定性不确定性明显增加。逆全球化、单边主义、保护主义思潮暗流涌动。科技创新成为国际战略博弈的主战场。新一轮科技革命和产业变革突飞猛进。

我们要抓住机遇，乘势而上，大展宏图。习近平总书记作出的"三个转变"重要指示精神，已经根植在中国工业奋斗者的心中，相信不久的未来，一个又一个工业高新技术领域的好消息，会不断带给国人以惊喜。

第二章

想要一台中国的盾构机

工业发展史上的一颗星火

发展工业，说到底是要促进经济的发展。反之，经济发展到一定规模水平，如果面临技术突破，则一定会出现经济慢增长，这就是我们通常所说的"瓶颈期"。

需要说明的是，"瓶颈"不是不发展，也不是经济倒退，它只是经济发展到一定阶段的必然现象。正如河流奔腾，遇到强大的阻力或者暗礁，暂时被阻滞，但水终究要流向下游，越过这道坎，会迎来更畅快的奔流。如果以此喻类比工业领域的蜕变，再合适不过。

新中国成立之后，中国工业发展和工业化取得了巨大成就。新中国在一穷二白的"白纸"上，建立起独立、完整的现代工业化体系，实现了由工业化初级阶段、中级阶段，再到工业化后期阶段的历史性跨越。特别是改革开放 40 多年，工业领域的伟大成就，更是令世界瞩目。

我们还是让数据来说话。

1990 年我国制造业占全球的比重为 2.7%，居世界第九。

2000 年上升到 6.0%，位居世界第四。

2007 年达到 13.2%，居世界第二。

2010 年占比进一步提高到 19.8%，跃居世界第一。

自此连续多年稳居世界第一。同时，主要产品生产能力大幅提升。很多产品生产从无到有到蓬勃发展。空调、冰箱、彩电、洗衣机、微型计算机、平板电脑、智能手机等一大批家电通信产品产量均居世界首位。

2021 年，我国工业增加值为 31.4 万亿元，约为美国的1.5 倍，接近美国、德国、日本三国工业增加值总和。在 500种主要工业品中，中国有 200 多种产量位居全球第一，世界230 多个国家和地区都能见到"中国制造"的身影。

中国已成为名副其实的"世界工厂"。

在亮眼的"中国制造"成绩单上，中铁旗下的系列产品，在世界的舞台上散发着耀眼光芒。这些产品里特别具有代表性的首推盾构机、道岔、架桥机。

这些产品从无到有，从有到优，到底经历过怎样惊心动魄的传奇呢？在世界舞台上，它们又是怎样狂飙突进独领风骚的呢？

我们先从中铁工业旗下中铁装备集团生产的盾构机说起，回溯那段风起云涌的激荡岁月。

当我们在城市坐地铁上下班时，会不会偶尔感慨人类潜力之无穷？当我们从大山深处穿越隧道，灰暗的灯光照耀着前方，听到玻璃窗外呼呼的风声，会不会油然而生"天堑变通途"之慨叹？当我们去往繁华的 CBD 商场，在地底 N 层寻找停车位时，迷宫般的地下世界会不会让你有眩晕之感？

这些建筑奇迹，都可能与堪称巨无霸的建筑机械——盾构机有关系。中国被世人称为"基建狂魔"，盾构机在其中发挥了重要作用。

"你也许不知道我，但你的出行，都与我有关。"——这一条柔情又接地气的广告语是盾构机最生动的写照。

我们回到稍专业的解释。盾构机，一种使用盾构法的隧道掘进机，有时我们也称它为"掘进机"，施工过程中掘进机在掘进的同时构建（铺设）隧道之"盾"（支撑性管片）。

盾构主要由刀盘、盾体（包括前盾、中盾、尾盾）、主驱动系统、推进系统、铰接系统（弯道掘进时使用的装置）、管片拼装机、螺旋输送机、人舱、管片输送机、皮带输送机、注浆系统、泡沫系统、导向系统等部分组成。

刀盘是盾构机的核心部件之一，位于盾构机的最前部，用于切削泥沙、岩石等地层，是机械化盾构的掘削机构。刀盘结构根据地质适应性的要求进行设计，其结构形式、强度和整体刚度都直接影响到施工掘进的速度和成本。不同的地质情况和不同的制造厂家，刀盘的结构也不相同。常见刀盘结构形式有两种形式：面板式和辐条式。

国际上，广义盾构机也可以用于岩石地层，只是区别于敞开式（非盾构法）的隧道掘进机。而在我国，习惯上将用于软土地层的隧道掘进机称为盾构机，将用于岩石地层的称为硬岩隧道掘进机。（全断面）隧道掘进机里，一部分采用盾构法，一部分采用敞开式施工法。

盾构机是我国科技水平和装备实力的标志性产品，素有"工程机械之王""穿山甲"之美誉，可广泛用于市政地铁、铁路公路、共同管廊、国防设施、水电水利、煤矿矿山、海底隧道等领域。

按照地层类型分，用于岩石地层的隧道掘进机被称为岩石掘进机，用于土层的隧道掘进机被称为盾构机，用于岩石和土层相间地层的隧道掘进机被称为复合盾构机。

按照支护地层形式，盾构又可分为自然支护式、机械支护式、压缩空气支护式、泥浆支护式、土压平衡支护式五种。目前应用最广泛的是土压平衡盾构（土压平衡支护式）和泥水盾构（泥浆支护式）两种。

盾构机虽然是庞然大物，但我们的工程制造师却会按照不同地质条件"量体裁衣"，设计出不同风格、不同特点的盾构机。目前，盾构机大致有如下分类。

（1）封闭式掘进机

封闭式掘进机一般指盾构机或顶管机，其特点是在具有护盾结构的外壳支护下，盾体隔板与开挖面间形成密闭空间，该空间通过泥土、泥水或高压空气填充，以保持开挖面的稳定。

①土压式掘进机

土压式掘进机是把土料作为稳定开挖面的介质，刀盘后隔板与开挖面之间形成泥土室，刀盘旋转开挖使泥土料增加。再由螺旋输送机旋转将土料运出。泥室内土压可由刀盘旋转开挖速度和螺旋输送机出土量进行调节。

②泥水式掘进机

泥水式掘进机是通过加压泥水或泥浆（通常为膨润土悬浮液）来稳定开挖面，其刀盘后面有一个密封隔板，与开挖面之间形成泥水室，里面充满了泥浆，开挖土料与泥浆混合，由泥浆泵输送到洞外分离站，经分离后泥浆重复使用。

（2）部分开放式盾构机（挤压式盾构机）

①半挤压式盾构机（局部挤压式盾构机）在盾构机的前端用胸板封闭以挡住土体，使不致发生地层坍塌和水土涌入盾构机内部的危险。盾构机向前推进时，胸板挤压土层，土体从胸板上的局部开口处挤入盾构机内，因此可不必开挖，使掘进效率明显提高，劳动条件改善。

②网格式盾构机在局部挤压式盾构机的基础上加以改进，可形成一种胸板为网格的网格式盾构机，其构造是在盾构机切口环的前端设置网格梁，与隔板组成许多小格子的胸板；借助土的凝聚力用网格胸板对开挖面土体起支撑作用。当盾构机推进时，土体克服网格阻力从网格内挤入，把土体切成许多条状土块，在网格的后面设有提土转盘，将土块提升到盾构机中心的刮板运输机上并运出，然后装箱外运。

（3）全敞开式掘进机

全敞开式掘进机的特点是掘削面敞露，故挖掘状态是干态状，适用于掘削面稳定性好的地层。

敞开盾构机的前部装有旋转刀头或铲斗，故掘削能力大增。掘削下来的沙土被装在下部的挖铲、旋转铲斗里，然后推至皮带机，在其带动下向外输送。由于掘削和排土连续进行，故工期较短，作业人员减少。

世界第一台盾构机并不在中国

火药、指南针、造纸术、活字印刷，这些伟大的发明都源于古代中国。盾构机的剧情却有了反转——它的源头并不在中国，却由中国人发扬光大。我国在国外盾构机的基础上，对其进行改造和革新，一步一步攻克了一系列重大技术难关，并最终有了自己的技术。现在，我国已成为全世界最知名的盾构机制造国，不少技术指标已成为世界标准，并引领盾构机领域制造的未来。

我们回溯一下盾构机的历史。

18世纪末，英国人计划在伦敦地下修建一个横贯泰晤士河的隧道。在当时的施工技术条件下，要想修建如此大规模的河底隧道，其难度可以说难如登天。

1798年，泰晤士河隧道工程进入施工阶段，但由于多种难以克服的困难，工程不得不停止。在英国工作的法国工程师布鲁诺尔，一直关注着泰晤士河隧道工程的进展。

如何解决工程中的困难？许多难题折磨得布鲁诺尔茶饭不思。

有一天，布鲁诺尔在船上欣赏风景，突然看到了航海人在清理船蛆。船蛆是一种软体动物，也被称为凿船贝，穴居在木质船舶里，会从体内分泌一种液体，粘在孔壁上形成保护壳，以抵抗木板潮湿后发生的膨胀。船蛆对船舶等木质设备的破坏性很强。1503 年，哥伦布第四次航海，到南美洲的牙买加。肆虐的船蛆毁掉了哥伦布船队的一半船只，航海队员不得不停靠在牙买加一个小岛上。

这种小东西，布鲁诺尔过去也经常见到。但这一次，他停住了脚步。船蛆在船通体中的钻洞行为，让布鲁诺尔突然获得了灵感！为什么不直接发明一种可以钻洞的机械？盾构理论第一次在人类的脑海里闪现。

获得灵感后，工程师布鲁诺尔开始着手设计盾构机的机械草图。英国政府对他的设计大为赞赏，直接任命他为泰晤士河隧道工程的工程师。

1818 年，布鲁诺尔完善了盾构结构机械系统的设计，他所设计的盾构机为一种金属圆柱体，内有复杂的机械和辅助设备。由千斤顶推动金属筒框向前水平前进，由金属筒框支撑土（岩）体防止塌方，同时还在金属筒框后进行衬砌结构的施工。

经过不断尝试，不断失败，不断修正……到了 1823 年，布鲁诺尔终于制成了世界上第一台盾构机。

紧接着，1825 年，布鲁诺尔又设计、制造出矩形盾构机，并首次应用于伦敦泰晤士河隧道施工。该矩形盾构断面高 6.8 米，宽 11.4 米，其构架分成 36 个小单元，每个单元内都有多名矿工，每个矿工把面前的黏土挖开，构架向前移动，挖空的地方被铺上砖块。

　　泰晤士河隧道是世界上第一条水底隧道，施工一开始还挺顺利，没想到修建过程中河水进入隧道，沼气被照明灯点燃，造成了人员伤亡事故。

　　布鲁诺尔一面总结失败教训，一面对盾构机进行改进。1835年，经过7年改良的盾构机再次投入使用。1843年，泰晤士河水底隧道终于建成。长约396米、高约23米的泰晤士河隧道，是世界上第一条采用盾构技术挖掘的隧道，也是隧道工程史上的里程碑。它现在已成为伦敦地铁系统的一部分，也是一个著名景点，每天有无数市民、游客，穿过这条绚丽的河底隧道。

　　布鲁诺尔发明的盾构机是人类历史上隧道施工的一大技术突破，其技术原理为现代盾构机设计奠定了基础。为表彰布鲁诺尔对泰晤士河隧道的伟大贡献，英国维多利亚女王授予其爵士爵位。

　　布鲁诺尔发明的盾构机是手掘式盾构机，被认为是盾构机的初级形态，所以人们通常称之为第一代盾构机。

　　1876年，英国人布伦敦申请了第一个机械化盾构机的专利，其进步的标志是动务部分采用了压缩空气，用机械开挖代替了人工开挖，隧道掘进机从此迈入机械时代。19世纪末到20世纪中叶，盾构机相继传入美国、法国、德国、日本、苏联等国，并得到不同程度发展。

　　21世纪初，德国海瑞克、德国威尔特、美国罗宾斯、日本小松、日本日立、日本川崎、日本石川岛等世界掘进机知名品牌，在中国市场还占有一席之地；但随着中国盾构机从无到有，从有到优，其他国家盾构机也陆续退出中国市场。我们国家生产的盾构机在逆境中不断成长和壮大，并陆续销往世界各地。

中国在盾构机领域，无论设计，还是制造，已经实现反超。

人工掘进的瓶颈，呼唤中国的盾构机

秦岭又被尊为华夏文明的龙脉，主峰太白山海拔3767米，位于陕西省宝鸡市境内。贾平凹在长篇小说《秦腔》中写到了秦岭，并称它为华夏龙脉。

秦岭，分为狭义上的秦岭和广义上的秦岭。

狭义上的秦岭，仅限于陕西省南部、渭河与汉江之间的山地，东以灞河与丹江河谷为界，西止于嘉陵江。广义的秦岭，几乎是横断山脉的代名词——西起昆仑，中经陇南、陕南，东至鄂豫皖—大别山以及蚌埠附近的张八岭，是长江和黄河流域的分水岭。

由于秦岭南北温度、气候、地形均呈现差异性变化，因而秦岭—淮河一线成为中国地理上最重要的南北分界线。冬天，秦岭阻挡寒潮进入南方地区；夏天，阻挡湿润海风进入北方地区。秦岭、淮河流域是南方多雨和北方干旱之间的过渡地区，秦岭、淮河向北，降水量急剧减少。

同时，秦岭又是长江、黄河分水岭，南方、北方分界线，号称天下大阻、九州之险。一山横亘，风雨裹足，山南岭北，景物两殊。飞鸟猿猱难渡，秦蜀不通人烟。韩信修栈道，武侯造流马，犹不免抚膺长叹。

龙脉秦岭，如何让它天堑变通途，贯通南北，连接四海，则是几千年来中国人一直在探索的问题。

要想富，先修路。但是，中华大地，群山巍峨，湖海纵横，特别是中国西部的辽阔疆域，冻土、高山、岩层，要想修路，谈何容易？

新中国将第一条电气化铁路布局在西部，由宝鸡越秦岭，南抵成都。钢钎铁锤，肩挑背扛，几乎完全依赖人力的宝成线盘山而上，百步九折、线路层叠，蔚为奇观。

铁路，是最重要的交通手段。

1995年，西康铁路的规划，要求必须穿越秦岭。这是一条当时桥隧比最高的铁路，其中位于长安县和柞水县交界处的秦岭隧道，两线并行，全长18.46千米，最大埋深1600米，隧道两端高差155米。隧道长度为当时国内第一、世界第六。

这里地处北秦岭中低山区，地质构造复杂，地质灾害严重，断层、涌水、岩爆等难题，一个个涌现在施工者面前。为了保障安全、缩短工期，铁道部花费7亿多元，从德国维尔特公司采购了两台硬岩掘进机。这是我国第一次在隧道施工中使用大型硬岩掘进机。但是，硬岩掘进机却不是中国生产的。

比起以往人工挖掘，盾构所至，威力惊人，就连高山似乎也在颤抖。当时，采用硬岩掘进机施工的Ⅱ线隧道实现了无爆破、无震动、无粉尘快速掘进，创造了月掘进531米和日掘进40.5米两项全国铁路隧道施工速度的最高纪录，工作效率提高了3倍至5倍，比采用传统人工钻爆法施工的Ⅰ线隧道提前10个月贯通。

盾构机的使用大大缩短了掘进的时间。如果按照以往经验，西康铁路秦岭隧道，用常规施工工法，需要 10 多年才能打通。但使用了进口掘进机后，仅仅用了 2 年多，就全线贯通。

当时的中国铁路隧道人，面对这两台进口德国的盾构机，集体陷入了沉思。他们不得不承认，这样的先进设备不仅速度快，而且质量好，还安全、经济、环保。

面对高效安全的现代化高端装备和核心技术受制于人的"尴尬"，一颗希望的种子在他们心中悄悄生根发芽。

这一系列问题，引起了我国政府部门和科技界的关注；同时，也鼓舞着一些有识之士。

盾构机梦，几代人的梦想。梦想的种子一旦被种下，发芽、茁壮成长，需要的不只是时间，还有创新的精神、吃苦耐劳的品格。

抓住时机，开启中国盾构机的研发

　　振兴民族工业再一次提到规划之中。如何打破受制于人的局面？如何让中国人拥有自己生产的盾构机？为了这一目标，他们一直在等待，一直在蓄力。

　　新中国成立后，城市快速发展，轨道交通已成为解决交通问题的必由之路。

　　我国城市轨道交通建设起步较晚。北京是我国最早建设地铁的城市。1965 年，北京地铁一期工程动工，这是我国内地修建的第一条城市轨道交通系统。1969 年 9 月 20 日，北京地铁 1 号线建成通车，全长 23.2 千米。1970 年，天津地铁一号线开建。那个年代，除北京和天津地铁外，地铁在其他城市虽有提及，但都未开始建设。

　　1978 年改革开放之后，为适应城市快速发展的需要，缓解城市交通的紧张状况，我国加大了对城市交通基础设施的投入，20 世纪 90 年代，上海、广州、深圳、大连等城市开始进行轨道交通建设。进入 21 世纪以来，随着中国经济的飞速发展和城市化进程的加快，城市轨道交通也进入大发展时期，武汉、哈尔滨、成都、杭州、西安、苏州、无锡等城市先后开始修建地铁。2008 年至 2017 年，是我国城市轨道交通发展的黄金 10 年，大部分省会级城市获批发展轨道交通，如合肥、贵阳、南宁、南昌、长沙等。

我国城市轨道交通以及铁路、水利等建设事业的高速发展，为盾构机提供了广阔的使用空间。盾构机作为城市轨道交通、水利工程、公路铁路等领域隧道施工的关键设备，市场需求巨大。

盾构机制造工艺复杂，技术附加值高，一直被德国、法国、日本等少数国家垄断。外国盾构机一度在我国市场占有率达 90% 以上，且价格昂贵，每台至少 5000 万元。

有一次，因为一个建设项目，急需引进德国的盾构机。但是，德国代表提出的价格，隧道工程局谈判代表实在难以接受。最后因为价格谈不拢，强势的德国销售代表竟然直接扬长而去。

什么时候才能有自己的盾构机呢？必须改变现状。

隧道工程局领导班子认为，作为一个隧道工程专业企业，理应担起振兴民族工业的重任。在大量施工经验和技术储备的基础上，隧道工程局终于下定决心，无论有多大困难，一定要造出一台我们自己的盾构机。

1999 年 9 月，隧道工程局与铁道部脱钩，更名为中铁隧道集团有限公司，归属中国中铁股份有限公司。2001 年 5 月，实行公司制改造，组建了以中铁隧道集团有限公司为核心，集勘测设计、建筑施工、科研开发、机械制造四大功能为一体的中铁隧道集团。

2002 年 1 月 29 日，中铁隧道集团在南京召开首次盾构机会议。2 月 1 日，第二次盾构机会议在洛阳召开。会议决定成立盾构机开发项目部和工厂，项目部下设总体组、机电液压组、电气控制组、外联组、采购组、主体组、后配套组，工厂下设开发设计部、采购部、制造加工部、财务部、办公室。项目部和工厂的任务就是自主研发生产土压平衡盾构机，中铁隧道集团为此先行投入 200 万元项目启动经费。

2 月 16 日，盾构机开发项目组正式成立，也被称为第一支盾构梦之队。

3 月 9 日，在洛阳，中铁隧道集团召开第三次盾构机会议。会议认为，自主研发盾构机的方向完全正确，要坚定不移地搞下去。希望各单位通力合作，抓紧新乡西院工厂的建设。

但自主研发一台盾构机谈何容易。

盾构机研发涵盖了机械、力学、液压、电气数十个技术领域，精密零部件多达几万个，单单一个控制系统就有 2000 多个控制点。项目组成员以年轻人为主，基本上是液压、电器、机械制造这三个专业毕业的大学生，没有指导，一切研发都是从零开始。

为搞清楚盾构机的基本原理，项目组人员跟班作业，逐渐熟悉和了解盾构机的工作状态、工作原理。有时为了印证研发数据，不断前往施工现场求证。

当时项目组遇到的最大困难就是刀盘设计，不清楚刀盘设计、刀具布置到底与地质是什么关系。为找到明确的解决方案，项目组一方面潜心研究，另一方面采取"走出去、请进来"的方式，派人出去学习，请老师上门讲课，解决一个又一个基础理论问题，攻克一个又一个困难与难点。

使用盾构机和设计制造盾构机是两个概念，当时所有的技术和理念几乎都是盲区。盾构机属于定制产品，每台盾构机都需要根据地质情况进行有针对性的个性化研发，尤其是刀盘和刀具，有时花费一两个月时间也找不到最佳方案。但研发人员从不放弃，不辞辛苦，有时为了一个设计，会吵得脸红脖子粗，但大家有一个共同目标：一定要生产出最安全最可靠的盾构机。

回忆起那段经历，李建斌说："太难了，难到无法用任何语言表达。"

自主研发盾构机之所以最后能获得成功，离不开科技部的大力支持，离不开国家863计划。从2002年开始，科技部将盾构机项目列入国家高技术研究发展计划（863计划），连续多年支持盾构机研发，对盾构机国产化和产业化起到了积极的推动作用。中铁隧道集团先后有5个项目入选863计划，累计获得3000多万元经费的支持。

863计划于1986年3月启动，是以政府为主导、以一些有限的领域为研究目标的一个基础研究的国家性计划，始终定位于解决事关国家长远发展和国家安全的战略性、前沿性和前瞻性的高技术难题。

2001年，《"十五"期间国家高技术研究发展计划（863计划）纲要》颁布。"十五"863计划的重要使命就是增强我国在高技术，特别是战略高技术领域的自主创新能力，为实施现代化建设第三步战略目标提供高技术支撑，力争在世界高技术领域占有一席之地，在一些关系国民经济命脉和国家安全的关键技术领域取得突破，并在我国有相对优势和战略必争的关键高技术领域实现技术的跨越式发展。

根据这一总体思路，"十五"863 计划明确提出了要实现四项战略目标：一是在选定的研究领域，显著增强我国高技术创新能力，提高重点产业的国际竞争力；二是增强我国的国防实力；三是重点掌握一批能在数年后形成产业、有自主知识产权的重大高技术，培育一批高技术产业生长点，带动我国产业结构的优化升级，形成高新技术产业的群体优势和局部强势；四是造就一批从事高技术研究开发及产业化的创新和创业人才。

中铁隧道集团要自主研发盾构机的想法与"十五"863计划的总体思路不谋而合。当时科技部已开始关注盾构机发展，对国内外的相关情况也做了许多调研，下大决心要支持盾构机国产化和产业化。

2001 年 7 月，中铁隧道集团派人专程赴京，向科技部汇报自主研发盾构机的一些设想和工作进展情况。

科技部领导非常高兴，希望中铁隧道集团加大研发力度，早日生产出拥有自主知识产权的盾构机。科技部全力支持，希望中铁隧道集团先从关键部件和系统研发开始，再进行整机研制。

这对于中铁隧道集团来说，绝对是个好消息。

2002 年，科技部决定给上海隧道股份有限公司、中铁隧道集团、广州广重企业集团有限公司各拨 100 万元启动资金。因广州广重企业集团有限公司后来与外商合作，成为外资企业，按照规定，科技部就不再给予启动资金。

在科技部的支持下，中铁隧道集团和上海隧道股份有限公司成为第一批参与国家 863 计划盾构项目研究的单位。中铁隧道集团先期开展的课题是《6.3 米全断面隧道掘进机研究设计》。

刀具形式、刀间距、刀具数量及布置与地质条件的关系，根据工程地质状况正确建立主轴承载荷模型，是这个课题首先要解决的两个技术难点。项目组希望研制一种具有宽泛地质适应性的盾构机，通过开口率可调、不同形式刀具之间的互换以及增加射水装置等措施，达到在物理力学性能差异很大的各种地层中实现高效掘进的目的。项目研究进展顺利，完成了 6.3 米土压平衡盾构样机的设计图纸，在类似南京地铁的地质条件下，实现样机平均月掘进 250 米以上的生产指标及整机掘进 10 千米的寿命指标，样机整体水平接近国际先进水平。

研发团队通过有限元分析及应变实测的方法，实现刀盘结构参数的优化；采用国产耐磨材料，研制多种具有不同地质适应性的刀具。解决了刀具用钢合金元素调整及热处理技术、液压系统大功率推进和精确姿态控制、使用环境及空间严格限制情况下的高功率密度、高可靠刀盘驱动及螺旋输送液压系统集成优化技术、基于比例控制技术的液压系统缓冲设计等关键问题，在盾构机刀盘驱动方式及控制、盾构机液压推动及姿态控制、新型刀盘结构、刀具材料及工艺等方面取得实质性突破。

2004 年，项目组在上海 R2 工地检查刀盘应用，该刀盘、刀具及液压驱动系统共完成区间掘进 2760 米，一切良好。刀盘在大连制造，是中铁隧道集团盾构机开发项目部设计的第一件产品。

2005 年 3 月 27 日，科技部在上海召开国产盾构机现场会，时任科技部副部长马颂德参加会议。在场的专家一致认为，中铁隧道项目完成了预期指标，刀盘适应性比较好，在 N>5、Tc ≤ 120MPa 内均可使用；液压驱动可靠，适应能力强。马颂德对中铁隧道和上海隧道开创性的研究工作也给予充分肯定。他说，通过产学研结合，成功研制出两台国产盾构机并进行了工业示范应用，中铁隧道完成了 2600 米的地铁隧道，上海也完成了 1000 米的掘进任务，盾构机项目的初步成功是我国科研领域的一件大事。他希望北京、上海等大城市都采用国产盾构机，希望我国的国产盾构机对城市化建设、对经济发展贡献力量。

项目研发成果获得各方高度认可，也得到科技部新一轮滚动计划支持。

2005 年，中铁隧道集团又有"大直径泥水盾构消化吸收与设计""砂砾复合地层盾构切削与测控系统关键技术研究及应用"两个课题同时列入国家 863 计划。

由韩亚丽担任课题负责人的"大直径泥水盾构消化吸收与设计"课题，重点解决了泥水盾构机主要工作参数的计算和确定、大直径泥水＋气垫平衡机理研究、泥水盾构机刀盘结构设计与刀具切削排渣能力及工作寿命的保证，以及刀盘驱动系统的密封油脂、工作压力等可检测技术，自主开发大直径盾构机电气监控系统应用软件等关键问题，为下一步开发具有我国自主知识产权的大直径泥水盾构机奠定了基础。该课题组依托南水北调中线一期穿黄工程，采用先进的系统集成技术，设计了直径 9.04 米级的泥水盾构机图纸；自主研制了直径 2.5 米泥水盾构机控制系统模拟试验台，实现了用信号模拟装置物理仿真盾尾密封、破碎机、注浆系统、仿形刀以及辅助系统等盾构机部件的功能，并用加载装置模仿各种地质条件、各种施工状况下的负载情况，完成了泥浆输送系统的压力与流量控制实验。自主开发的泥水盾构机控制系统应用软件避免了控制系统在开发过程中与盾构机联机调试带来的安全问题，提高了盾构机控制系统设计的有效性和可靠性。

"砂砾复合地层盾构切削与测控系统关键技术研究及应用"课题，以北京地铁四号线为工程对象，通过掘进机模拟试验的方法，研制具有自主知识产权的复合式刀盘刀具切削系统及其磨损检测装置，研制盾构机实施远程监控系统，满足盾构机在砂性土、卵石、砾岩交互的复合性地层条件下安全高效施工的要求。具有宽泛地质适应能力的盾构机切削系统，在上海以淤泥质黏土为主的地层以及在北京砂砾复合地层进行工业性试验均取得成功，表明课题组在盾构机刀盘等关键技术的研发上取得了突破，为下一步面向全国各具特色的地下工程隧道实现盾构机的整机开发与产业化，再次进行了技术储备，对隧道掘进机学科的发展以及具有自主知识产权的创新工作起到了良好的推动作用。

2006 年 4 月 13 日，马颂德在"十五"863 计划总结汇报会上的讲话中特别提到，"十五"期间，863 计划围绕关键技术、创新技术和核心技术，获得了一大批自主知识产权高技术成果，造就了一大批创业人才和创新团队，推动了我国高技术及其产业的迅速发展。

在加紧进行国家 863 计划项目研究的同时，中铁隧道集团也开始联合浙江大学、华中科技大学等高校编写《盾构设计规范》《盾构制造规范》《盾构验收规范》等标准文本，覆盖土压平衡、泥水、复合、双圆等盾构机，涉及解释条文、名词解释、选型方案、风险评估、职业健康、安全管理、环境因素等多方面内容。

第三章

从零到一的卓越

"863"计划的推动

任何个人的成功，都离不开时代给予的环境和机会。任何成功，都要依托大环境的支持。

除了先行者的个人想法及中铁隧道集团的集体谋划外，最有利的因素就是国家大政策的倾力支持。

2006年2月13日，国务院印发《关于加快振兴装备制造业的若干意见》（国发〔2006〕8号）（以下简称《意见》）。该《意见》非常明确地提出了以下几点：

1. 明确目标原则，加快振兴步伐；

2. 确定主要任务，实现重点突破；

3. 制定振兴措施，明确工作方向；

4. 完善法律法规，强化政策支持；

5. 加强领导协调，发挥协会作用。

五个部分共二十条。最终目标是：发展一批有较强竞争力的大型装备制造企业集团，增强具有自主知识产权重大技术装备的制造能力，基本满足能源、交通、原材料等领域及国防建设的需要。依靠区域优势，发挥产业集聚效应，形成若干具有特色和知名品牌的装备制造集中地。建设和完善一批具有国际先进水平的国家级重大技术装备工程中心，初步建立以企业为主体的技术创新体系。逐渐形成重大技术装备、高新技术产业装备、基础装备、一般机械装备等专业化合理分工、相互促进、协调发展的产业格局。

《意见》决定选择一批对国家经济安全和国防建设有重要影响，对促进国民经济可持续发展有显著效果，对结构调整、产业升级有积极带动作用，能够尽快扩大自主装备市场占有率的重大技术装备和产品作为重点，加大政策支持和引导力度，实现关键领域的重大突破。

《意见》确定了14项主要任务，其中包括满足铁路、水利工程、城市轨道交通等建设项目的需要，加快大断面岩石掘进机等大型施工机械的研制，尽快掌握关键设备制造技术。

《意见》的出台无疑对盾构机产业化进程起到了积极有效的推动作用。也正是因为这一政策的出台，许多制造企业增强了信心，在不断自主研发的道路上，走得更加坚定有力、高效。中铁隧道集团更是受到极大鼓舞，加快了自主研发盾构机的步伐。

虽然信心十足，但要成功，却不能只靠信心。盾构机的自主生产却不是一件易事。

20世纪末，中铁隧道集团的研发团队永远也不会想到，为了一个具有自主知识产权的复合盾构机，他们奋斗了8年。

自从打算研制第一台国产盾构机以来，中铁隧道人已经付出了整整8年的努力。这8年来，投入了多少资源，付出了多少精力、汗水，又培育和诞生了多少优秀人才，又有多少人把盾构事业与自己的梦想紧紧联系在一起。

8年时间，中铁隧道集团研发团队真正体会到了寒冬的刺骨、高山的陡峭。他们为了这一成果，不知道走过多少弯路。曲折不可怕，可怕的是遇到曲折，不知道寻找正确的方向。

蒲松龄曾有一副对联作为自勉的座右铭："有志者事竟成，破釜沉舟，百二秦关终属楚；苦心人天不负，卧薪尝胆，三千越甲可吞吴。"用蒲公的这副对联描述中国第一批盾构人的毅力与情怀再合适不过。

从2001年成立盾构机项目组，团队围绕盾构机的刀盘、电控、测试平台、施工技术等多个领域和环节展开具有针对性的攻坚战，终于在2007年初见战果。

初步的技术，研发团队已掌握；加上国家为大力发展装备制造业而出台一系列优惠的支持政策，研发团队更加坚定了成功的信心。此时，中铁隧道集团可谓是春风迎旭日，只待东风来。

由于盾构机属于定制化产品，需要根据具体地质特征和施工要求等条件"量身打造"，所以中铁隧道集团的第一台盾构机尚须确定合适的应用项目之后，才能展开具体设计。

2007年，盾构机关键核心技术取得了关键性突破，研制出具有自主知识产权的盾构机控制系统模拟检测试验平台，并成功投入使用。那么，接下来的目标就是不断接近国外的盾构机先进水平，学习他们的领先技术。摆在研发团队面前最直接有效的实践机会，便是武汉长江隧道施工项目所引进的先进盾构机刀盘。

研发团队大胆以南水北调穿黄隧道的工程为依托，自主开发出了直径9米的泥水盾构机刀盘。经过多次的方案设计、技术设计和元器件购置，最终完成了盾构机电控系统模拟实验平台的制造和组装，并调试成功。

对于盾构机生产来说，这又向前推进了一步。因为，在关键部件和系统研发取得重要突破的基础上，中铁隧道集团稳步开始了整机研制。这时，科技部得知这一情况，也提供了全力支持。当时，由韩亚丽担任课题负责人，他们的"复合盾构样机研制"成功列入国家863计划，并获得了900万元的研发经费。

两位领头人李建斌和韩亚丽深知研发和推进的重要性，他们知道复合盾构机的制造工艺复杂，技术附加值高，适用地质的范围更广。因此，开发出具有自主知识产权的复合盾构机，不仅可以打破外企盾构机在国内市场一统天下的不利局面，还能形成我国独立自主的盾构机制造产业，并可顺利促成和带动我国相关产业机电、液压、材料、传感器等的发展，增强装备制造业的综合实力，从而提高我国重大装备在国际市场的竞争力和影响力。

据韩亚丽回忆，研发期间，科技部多次组织召开盾构机项目研讨会，并时刻关注盾构机样机研发的进展情况，在全国范围内遴选组织专家对产品进行反复论证，希望采取"国内联合，国外合作"的方式，引进、消化、吸收同步进行，最终成功研发出自己的盾构机。

有幸的是，在国家政策支持和经费投入、中国中铁全力保障，以及高等院校专家学者的通力协作和帮助下，研发团队忘我工作，突破难关，终于解决了复合盾构机设计与集成技术、六自由度管片安装机技术、螺旋输送机结构优化设计技术、带压进仓安全系统技术、导向系统与盾构机姿态控制技术等关键问题，也为后期的盾构机首秀提供了有利的基础和条件，更增添了研发团队和上级领导的信心。

这一年，隧道掘进机实验室建成并投入使用，泥水盾构机模拟试验台出厂，完成盾构机 PDV 数据处理软件应用开发、盾构机泡沫模拟系统研制试验及实际系统设计、盾尾密封的设计、盾构机自动导向系统的开发等；以 TBM、盾构机施工配套设备为主，研发制造各类配套机械设备 293 台，涵盖了盾构机的拖车、施工配套设备、运输设备、衬砌模板台车等诸多领域，科研和机械修造板块进一步得到加强。

2007 年，中铁隧道集团成立了复合盾构机样机研制小组，由韩亚丽担任组长。该课题组先后攻克了复合盾构机设计与集成技术等六大关键问题，完成盾构机 PDV 数据处理软件应用开发等四项关键设计。至此，复合盾构机整机的诞生只差临门一脚。

尽管早就无数次见过它的成品图纸，但大伙都按捺不住地盼望着见到真实的可以触摸的中国中铁隧道集团 1 号机（此时暂未正式命名为"中铁 1 号"，故下文简称为"1 号机"）。可无论心跳得怎么激烈，每一位在岗的人都凝神静气，一丝不苟地为它"拧好自己负责的每一颗螺丝钉"。

2008 年 4 月 25 日。

一个注定载入中铁史册的大好日子。

这一天，盾构机 1 号机终于问世！

1 号机在新乡成功下线。这台由中铁隧道集团历时 8 年研发制造的"大家伙"，汇集了五项国家863计划的成果，凝聚了中铁隧道集团科研人员攻克数十项技术难题的智慧结晶，发散着技术工人以劳动铸就钢铁长城的荣光。

1号机的成功下线，对中铁隧道集团人无疑是巨大的鼓舞。喜悦、欣慰、感动和对未来的希冀交织在每一位到场中铁隧道集团人的心头。

2008年，是中铁隧道集团收获的一年，也是它迈上新征程的关键一年。

十年磨一剑。中铁隧道集团也同样艰辛，他们历经8年时间，投入大量的人力财力，终于成功研制出国内首台具有自主知识产权的中国中铁1号土压平衡盾构机样机，并隆重在河南的新乡成功下线，填补了我国在复合盾构机制造领域的重大空白，打破了国外盾构机独霸市场的局面，真正实现了我国复合盾构机从无到有的梦想。

已取得的成就是巨大的，但项目负责人凝视着中铁1号盾构机样机，又陷入了沉思：在哪里进行工业性试验？

于是，怀揣着对1号机的信心，肩负着全体中铁人的寄托，他们开始为共同的"孩子"寻找合适的归宿。

在几乎所有业主单位和施工单位的质疑声中，中铁人终于等来了柳暗花明的消息：中铁隧道集团天津项目施工队愿意采用1号机。

这是不可多得的机会。从内部来看，中铁虽有诸多施工单位，却仍无几个单位对自家集团研发的盾构机有十足的信心，因此这次机会的取得属实是迈出了艰难的一步。从外部来看，天津近期即将破土动工的轨道交通工程，正好为眼下急需试验和评审的中铁 1 号机提供试用的机会，再加上天津地质条件恰好符合 1 号机的适用范围，这使得天津成为优秀的替代试验场。从心理层面来看，1 号机的试验迫在眉睫，研发团队奋斗了 8 年，需要一场大胜仗来提振士气。下一步工作若没有当下中铁 1 号的试验反馈作为铺垫，恐怕很难动员和开展。

2009 年 2 月初，由中铁隧道集团负责施工的天津轨道交通三号线营（口道站）和（平路站）右线区间准备动土，始发仪式上出现的，正是中铁新乡生产基地下线的 1 号机。天津的有关部门此刻并未获知这是中铁自主研发的第一台盾构机。

无巧不成书。这枚"进口盾构机"被安排在施工难度最大、沉降风险最大的标段——营和右线区间。

营和标段施工难度最大。

第一，营和右线区间土质复杂，全长 1000 米，覆土厚度 8.3—12.6 米，以浅埋和中埋为主，区间穿越地层主要为粉土、粉质黏土、粉砂层。从以往的施工经验来看，这样的土质往往伴随着沉降控制难度大、地层地质复杂等不利因素，对一般的进口盾构而言都是较大的挑战，何况一台没有"实战履历"的本土盾构机。

第二，营和右线区间沿途地表包括核心商业区、大量居民密集区和文化历史建筑，包括张学良故居、范竹斋旧居、天津电报总局、渤海大楼等历史风貌建筑；除此之外，其行进途中还将面临一项巨大的风险——从地下穿过总价估值 98 亿元的天津"瓷房子"。该建筑属天津市政府重点保护的历

2008 年 4 月 25 日，"中铁 1 号"盾构机下线。

史风貌建筑。

第三，中铁隧道集团生产的 1 号机在控制系统方面仅做过初步测试，首次使用很难确保在复杂的地质环境和土壤条件中绝对不出故障。一旦出现故障，修复投入的资源暂且不论，地表存在的大量不可破坏的建筑，更是极大地阻碍了从上方破土检修的可能。

面对接下来的项目挑战，即便在场的施工队和盾构机技术服务保障团队发挥出 100% 完美的作业表现，但施工中断、工期延误，甚至 1 号机退出等意料之外的情况谁能保证决不会发生呢？

但这次"首秀"机会实属来之不易。无论有多大的困难，都必须抓住这次难得的机会。

打破壁垒，中国有了第一台
复合式盾构机

　　天津，中国北方第一大港口城市、省级行政区、"一带一路"交会点，孕育了近代中国电报、学堂、军队、铁路、军工等诸多"第一"的超大城市。"新鲜玩意儿"的汇入和"旧有物件儿"的存续所带来的"冲撞"与"融会"风格，深深影响了城市的物质面貌和文化理念。

　　在这座传承之风与革新之气并存的城市中，中国人自主研发的中铁1号与动辄有百余年历史的国外老牌盾构机即将一较高下。

　　尽管所有人都捏着一把汗，但每一个中铁人都在用心地准备着应对此次挑战。2009年2月6日，1号机在营口道站始发。自始发起，项目组就24小时满负荷运转着。为了此次项目的顺利进行，项目组坚持超前筹划、多层次论证、全方位培训、精细化施工等。

　　针对方案的科学性问题，每一道工序都由项目部负责人和操作层骨干进行专题讨论、分析和完善；遇到重难点施工环节还会邀请专家进行论证，确保在方案上做到万无一失。

　　针对"掘进过程的安全性"问题，项目部员工强化培训，着重提高操作员的安全意识和操作技能，开展了"手拉手拉起安全的防线，心连心筑起生命的港湾"为主题的安全活动，组织了多形式、多渠道的安全培训，在此过程中尤其注重培训特殊工种。这样就从安全意识和操作技能两个方面保障了盾构机的安全作业。此外，在准备期和施工中，安全、消防、风险源等方面的演练共开展了十余次，每次的演练准备、记录、实施、总结均形成了资料，力图将突发事件的预期损失降到最低。

针对"作业状态偏差和工程质量管理"问题，项目部采取"精细化管理"的策略，超前谋划。在监测方面采取"全面覆盖，重点突出，加大频率"的策略，及时控制建筑物沉降，及时调整盾构机姿态，加大对重点部位灌浆的力度，严控运输和进场材料的质量，规范和监督安装流程等。最大限度地挽回信息差和时间差可能带来的工程失误，从源头开始把控质量。

时间一分一秒地过去，1号机也在一点一点"啃食"着阻挡它的岩土。与盾构机在一起的，是中铁隧道集团的劳动者。地下的条件并不好，脏兮兮的泥浆、机器掘进的巨大轰鸣声、隧道坍塌的危险、闷热潮湿的空气等。尽管如此，每个人都期待着1号机"重见天日"的那一刻。

2009年6月8日，对于中铁人而言，这是一个具有历史性纪念意义的日子。

天津轨道交通三号线营和右线区间全线贯通。经测定，实际沉降在3毫米以内，中铁隧道集团生产的首台盾构机样机先后穿越20多个风险点，月平均掘进327米，最高月掘进

385 米，表现最好。

当然，此刻最惊讶的莫过于天津有关部门负责人。当他们得知这条最"危险"的道路用的竟然是中国国产盾构机时，百感交集。他们和所有中铁人一样，因为国产盾构机惊艳的表现，开始对国产盾构机的未来有了信心。

至此，1 号机可以自由地在阳光下被众人瞩目，它有了属于自己的响亮名字——"中铁 1 号"！

经过实践的检验，中铁隧道人终于放下了久久沉压于心中的巨石，"可以向国家交出这份答卷了"，中铁隧道人这样想着。于是迅速组织了 863 计划项目的专家评审，评审结果表明，整机成果完全达到国际先进水平，两项关键技术达到了国际领先水平。

有了这一次首秀，研发团队更有了充足的信心。既然已经开了一个好头，那么接下来的突破就更值得期待。于是，他们开始朝着更进一步的目标奔驰。

从中铁 1 号被业界认可的这一刻起，国外盾构机垄断中国市场的局面被大幅扭转，一个属于中国本土盾构机的时代即将到来，中铁隧道人在中国装备业的画卷上书写了浓墨重彩的一笔。

唯物主义辩证法有这样的观点，矛盾的发展不是直线式的，而是一个前进性和曲折性相统一的螺旋式的上升过程。从现时回望中铁 1 号的历史——从行业领域的空白、自主创新的瓶颈、推向市场的阻碍，到最终试用成功，过程是曲折的，但结果是令人满意的。

从天津三号线凯旋前夕，中铁隧道集团就带中铁 1 号模型参与了中国国际轨道交通技术展览会，获得科技部、河南省领导的高度赞扬和充分肯定。这次参展意义重大，使得中铁隧道集团自主研发的决心得到加强，信心进一步提升，并全面提升了中铁在业界的知名度和影响力。

随后的两年，中铁1号模型又先后参与了第四届中国国际（上海）隧道与地下工程技术展览会、新西兰CORE2010铁路工程会议展览、中国（郑州）国际先进装备制造业博览会和深圳第十二届中国国际高新技术成果交易会等大型展览活动，这一系列对外展出使得中铁隧道集团逐步成为具有国际知名度的装备企业，为接下来在国际市场的推进创造了条件。

随后的几年，中铁1号一直留在天津，继续为其他地铁项目"服役"，均取得良好"战绩"，也受到了业主和施工单位好评。

中铁1号在天津的首战告捷，让研发团队坚信，更大的机会即将来临。他们认为，在中国中铁这个以施工为主的"母体"中，即将孕育一个崭新的制造产业。这个产业，会打破以前的固有思维，并成为中铁的一个新的亮点。

这一判断经过后来的实践证明是完全正确的。他们或许没有想到，中铁盾构机产业会成为中国制造业的一个奇迹。值得纪念的是，2009年12月23日，中铁隧道装备制造有限公司（中铁工程装备集团有限公司前身）成立揭牌仪式成功举行，开启了中国隧道掘进机产业发展的新起点。2017年3月4日，中铁装备的母公司，中铁高新工业股份有限公司成为中国的上市公司。除了盾构机之外，它还相继生产出了架桥机、道岔等世界领先的工业产品。

　　成长往往伴随着痛苦和曲折，成长也时刻迎接着突破和创新。盾构要想发展成为一个新兴的产业，必须有国家的政策扶持，更要有人才、资金、市场等多方面的支持。

　　第一次提出发展盾构产业时，许多人充满怀疑，认为建筑企业要搞大型装备制造的风险很大。但先行者们一直坚信，随着盾构的设计制造不断完善，盾构机产业的发展也将迎来春天。

虽道阻且长，但信心满满

生产和研发盾构机，是中铁隧道集团研发团队成立以来的第一次成功实践。

风雨之后，终于迎来了绚丽的彩虹。

中铁1号在天津成功下线，标志着中国在复合盾构机制造领域的从无到有，证明了中国人可以独立造出自己的盾构机。中国中铁作为一家建筑工程企业，已经制造出第一台盾构机，并成功投入使用，它的任务到这里是否已经圆满完成了呢？这仅仅是一个开始，一个大胆的设想被提出：将盾构机产业化！

建筑企业也能搞装备制造？

质疑的理由也十分充分。首先，当时的中国中铁上市还不到一年，正是发展的新时期，作为建筑工程出身的国有企业，它既没有经验也没有精力开辟装备制造行业的新业务。其次，盾构机产业不同于其他制造产业，作为大型装备制造产业的一种，技术门槛高，后续人力物力的资源投入巨大，收益却相对缓慢。况且，当前国内外盾构机市场普遍被德国海瑞克、日本三菱重工、美国罗宾斯等国外老牌企业所把持，才制造出第一台盾构机的中铁真的能与这些公司在这个市场上竞争吗？

是否将盾构机产业化？

为什么要使盾构机产业化？

盾构机产业化能不能成功？

除了实现盾构机产业化，是否可以还有别的道路？

"我们有现成的、有经验的、成熟的团队，我们拥有大量的实验数据，国家发展日新月异，盾构机产业化刻不容缓。"权衡再三，中国中铁认为，利大于弊，就值得去干！而且，盾构机产业化步伐必须越快越好。

2009 年 12 月，中铁隧道装备制造有限公司（简称中铁装备）成立，在河南省各级政府和中国中铁的大力支持下，中铁装备建立的国内最大盾构机研发制造基地落户郑州。

万里长征才刚刚迈出了第一步，他们很快便认识到：梦想和现实之间存在着巨大的鸿沟。

首先是人力，只能自己招募员工，而这些新员工却要同时面对新公司的正常运营工作、盾构机新产品的研发制造工作、新市场的开辟工作等，十面锣一个人敲，人手捉襟见肘。

其次是技术，当时的中国盾构机才刚刚实现零的突破，与国外设备相比，在设计理念、工艺制造等许多方面还存在不小的差距。

虽然国内外在盾构机产品技术发展路线上的总体规划相差无几，但市场占有率不同，可以说，如何打开市场是他们当时面临的最大问题。面对如此困境，盾构机产业化的逐梦之路，道阻且长。中国中铁的盾构机产业化尝试，就是在处处碰壁且无人看好的情况下艰难起步的，毋庸置疑是新开局了。

尽管开局困难，第一代中铁装备人仍然没有说一句放弃的话。艰难的处境反而激起了这些中铁人的轴劲儿。他们咬紧牙关，发挥中铁人"开路先锋"的精神，誓要填平梦想与现实间的道道"鸿沟"，要在前路难料的条件下攻坚克难、摆脱困境，义无反顾地将盾构机产业化道路走下去。

中铁人永远不会忘记，雪中送炭的河南省政府。

为了将即将成立的新公司留在河南，时任副省长史济春向时任河南省省长的郭庚茂作了汇报。省领导带领相关部门以及郑州市领导立即赴京，与中铁高层领导会面，表示新公司可以在河南全省范围内任意选址，并全力支持新公司的建设。

前路未卜，但星光已照亮夜空。

一切都按照规划在进行。公司成立后，李建斌担任中铁装备的董事长，韩亚丽担任总经理。

如果说，中铁装备在成立之初，所展现出来的速度用一个词来形容的话，那么一定是"风驰电掣"。中铁装备认真贯彻中国中铁的决策部署，瞄准"国内领先，国际先进"的企业发展目标，一手抓盾构机研发制造，一手抓新基地建设，实施快速研发、快速投产的策略，仅仅在2010年，盾构机的年产量就达到23台，产量跃居中国第一位。另外，中铁装备研发的硬岩盾构机在当年的评审中也成功立项。当时业内这样评价："当年研制成功、当年投入使用。"整个研发和投产过程仅仅用了8个月时间。这样的速度怎不令人惊叹呢。

8个月之后，建成的郑州基地成为国内最大的盾构机研发制造基地。

在产研并举的同时，还建成新基地，多手抓还要多手硬，这就是中铁效率，这就是中国速度，中铁装备作为一家刚刚成立的公司，其研发能力、生产能力均处市场竞争劣势，还严重缺少员工。在这样的困境下，正常的企业都会选择放缓发展速度，先建成研发制造基地，或者先搞好新盾构机的研发制造，等待总公司或者政府的扶持，再逐步推进公司发展。但中铁装备的领导和员工们没有选择等待，他们选择主动集聚资源，快速打破现状。

起初，中铁装备围绕研发设计、设备制造、合同管理、财务管理、售后服务等重点环节，制定并完善企业管理规章制度，于当年12月底，一次性通过了质量、环境、职业健康和安全一体化管理体系认证。

如何让产品进入市场呢？公司领导带领员工，纷纷奔赴市场前线，每个人都化身为公司推销员。他们到处找客户，寻商机，正是这样的努力和进取，才让中铁装备的盾构机快速打开了市场。中铁装备制造的盾构机，在很短时间内便成了全国热销产品，名气也在业内不断打响。

能取得如此成绩，除了国家大政策给予制造企业的支持，还有中国中铁给予良好的发展环境以及力度空前的扶掖，更与中铁装备第一代研发团队的不懈奋斗和忘我追求密不可分。创业初期，每个中铁装备人都像一只蜜蜂，不知疲倦，不怕困苦艰难，不怕曲折多变，不怕前路漫漫，充分发挥了个人的主观能动性，聚拢各方资源，充分借助各方面有利条件，最终走过黑夜，迎来黎明的曙光。

如果当初只是等靠要，中铁装备绝对不会有如今的辉熠。如果只是"拿来主义"，买外国现成的先进盾构机产品，不花精力不花资金不花人力自主研发，我们怎会有自己的盾构机。

第四章

变局中开新局

从一生二到三生万物

老子《道德经·四十二章》："道生一，一生二，二生三，三生万物。万物负阴而抱阳，冲气以为和。人之所恶，唯孤、寡、不谷，而王公以为称。故物或损之而益，或益之而损。人之所教，我亦教之。"

中铁1号首秀成功，让国人为之振奋，国内外同行为之刮目，对于中国大型机械制造业独立研发起了极其重要的激励和推动作用。

尽管成绩令业内欣喜，也让中铁装备的研发团队因之自豪，但他们知道"路漫漫其修远兮"。他们没有骄傲，更没有自满，反而潜下心研发出盾构机第二代产品。

开弓没有回头箭，他们知道万里长征走出了第一步，就只有向前，继续向前，取得更大的成功。

没过多久，2009年8月16日，就传来了捷报。

中铁2号专为郑州地铁量身定做，它将用于郑州地铁中原东路站至紫荆山站区间隧道工程施工。与中铁1号盾构机相比，中铁2号盾构机的整机性能得到了进一步提升，盾构机直径6.3米，机身长75米，不仅仅是国家863计划盾构机研制成果，而且在技术层面上也有整体跃升。

中铁 2 号的控制系统是盾构机的核心技术。用于郑州地铁的这台盾构机将国外普遍采用的集中控制方式改进为分布式 I/O 控制，使盾构机拆装时间缩短，故障减少，成本降低，达到了国际领先水平。该控制系统完全实现自主标准化、批量化生产和应用。为了使盾构机使用范围更加广泛，根据中铁 1 号盾构机在天津地铁进行试验反馈情况，该台盾构机对控制系统、渣土改良系统等多方面做了大量改进和提升，自动化程度进一步增强，大幅提高了施工效率，节约了成本，并减少了施工风险。

面对又一巨大的科研成果，河南省政府非常重视。史济春参加了当时的中铁 2 号的下线仪式。他希望各级政府加大对装备制造企业的扶持与帮助，给予优惠政策等方面的便利，力争把盾构机产业做大做强，成为中国的品牌、民族的品牌、享誉世界的品牌！也希望中铁加大研发力度，提升产品性能，增强盾构机产品的性价比，努力超越国外盾构机。

时任河南省委书记、省人大常委会主任徐光春和河南省省长郭庚茂，以及后来接任河南省委书记的卢展工，他们也先后到中铁隧道装备制造有限公司新乡盾构机生产基地深入调研，并对企业的发展给予高度的关注和支持，也提出了较高的要求和期望。

2009 年 8 月 18 日，徐光春一行先后参观了基地企业展厅、国家 863 计划盾构机模拟试验台及生产车间。在得知用于郑州地铁建设的中铁 2 号刚刚下线，徐光春非常高兴。他说，这标志着我省向国际先进制造业又迈进了实质性一步，这不仅是中国中铁的骄傲，也是河南的骄傲，国家的骄傲！

他表示，中铁为了国家发展搞设计、搞制造，形成了自己的自主知识产权，设计制造了具有国际先进水平的设备，付出了很多心血。这种思路、这种精神不仅为我们应对金融危机注入了强大精神动力，也增强了我们战胜危机的信心和决心，相信有了自主知识产权，"河南盾构机"一定能够产生更大影响，一定能更好地造福祖国，造福人民！

2009年9月23日，时任河南省省长郭庚茂来到新乡盾构机生产基地调研。他说，中铁盾构机的重大科技成果，为我们伟大祖国和平崛起做出了积极贡献，中华民族要想屹立于世界民族之林，需要经济的持续发展，科技的不断进步，自主创新能力的不断提升，大家取得的每一项技术突破都会使我们向这一目标不断靠近，希望大家继续努力，以郑州地铁试验段盾构机成功下线为契机，为中华民族的伟大复兴做出更大贡献！

2010年1月8日，新到任不久的河南省委书记卢展工考察了中铁隧道装备制造有限公司新乡盾构机生产基地。在盾构机生产车间，卢展工说，盾构机作为高科技含量产品，在国家大型装备制造业和地下工程领域施工中占据着重要地位。中铁装备率先研制出我国第一台拥有自主知识产权的复合式土压平衡盾构机，并成功通过工业性试验和专家组验收，这一项重大科技成果，不仅是中国中铁盾构机产业发展的重大突破，也是国家振兴民族工业历程中的光辉一笔。希望中铁装备能够把握发展机遇，通过技术创新，占领盾构机技术制高点，为盾构机国产化和河南经济发展做出更大贡献。

扬帆起航，以市场为导向开拓进取

在河南郑州定址之后，中铁装备团队开始迈开了新一轮的远征。他们知道，已经成功研发出了中铁 1 号、中铁 2 号盾构机产品，也在项目上进行了成功的试验，接下来，就是如何有效将产品运用到中国的广大建筑中，与国外的盾构机产品同台竞技，一较高下。

随着中国经济和城市化建设的快速发展，高品质的建筑形态越来越多，建筑工程的施工难度越来越高。盾构机的出现不仅提高了工程建设的速度，也提高了建筑的质量。

自 2012 年以来，国内盾构机的市场发展逐渐驶入快车道，产需量保持高速增长，行业规模整体也呈上升趋势。2012—2017 年，我国盾构机市场保持逐年增长趋势，2017 年达到高峰值 97.66 亿元；2018 年行业竞争加剧，使得行业产品价格总体有所下降，行业市场规模也有所回落，为 91.48 亿元；到 2019 年，我国盾构机市场规模才有所回升，为 92.87 亿元。

我国各种铁路、公路、水利工程持续推进；除此，近年来，越江公路隧道、输油输气管道、地下停车场和地下商城等综合管廊工程也随着经济的发展、民生的需要而逐步增多。盾构机作为隧道施工最为先进的施工装备，拥有广阔的市场前景。

2006 年，《国务院关于加快振兴装备制造业的若干意见》中提出，选择一批对国家经济安全和国防建设有重要影响，对促进国民经济可持续发展有显著效果，对结构调整、产业升级有积极带动作用，能够尽快扩大自主装备市场占有率的重大技术装备和产品作为重点，加大政策支持和引导力度，实现关键领域的重大突破。

2008 年，《国务院关于加快振兴装备制造业的若干意见》中再次强调，满足铁路、水利工程、城市轨道交通等建设项目的需要，加快大断面岩石掘进机等大型施工机械的研制，尽快掌握关键设备制造技术。

2009 年，国务院发布的《装备制造业调整和振兴规划》中指出，适应交通、能源、水利、房地产等行业发展需要，以大型隧道全断面掘进机、大型履带吊和全路面起重机、架桥机、沥青混凝土搅拌和再生成套设备等为重点，发展大型、新型施工机械。

在税收方面，国家也提供了政策支持。财政部、国家发展改革委、海关总署、国家税务总局下发通知，为贯彻落实国务院关于加快振兴国内装备制造业有关进口税收政策的精神，调整部分装备制造业设备及其关键零部件进口税收政策，对国内企业为开发、制造大型全断面隧道掘进机而进口的部分关键零部件所缴纳的进口关税和进口环节增值税实行先征后退，所退税款作为国家投资处理，转为国家资本金，主要用于企业新产品的研制生产以及自主创新能力建设。

盾构机作为高新技术设备，它的成本约占施工成本的40%，其高昂的造价令许多企业望而却步。国家政策的支持如税收减免，是缓解企业资金压力、助力盾构机产业发展的强有力保障。由此可见，国家持续关注盾构机产业的发展态势，以助推装备制造产业的优化升级，提升高端装备的自主化、国产化程度，保障国民经济和国防建设，建设世界装备制造业强国。

随着中铁装备的盾构机面世，国内的其他企业也看到了盾构机市场的希望，众多制造企业纷纷涌入盾构机制造行列。

有竞争，就有活力；有目标，就有希望。

国内激烈的竞争也不断倒逼中铁装备加快技术的研发。中铁装备，一方面要有效地打破国外的垄断，不断提高盾构机设备的国产化；另一方面，又要面对国内竞争企业的赶超，必须不断做大做强。

中铁装备经过讨论，制定了坚持"一个中心"、实施"两大战略"、创新"两大机制"的战略，将产品与服务有机结合，在推动企业高质量发展的同时，努力去实现"国内领先，国际先进"的宏伟目标。

制定目标容易，要实现却非易事。

他们首先从国内的市场和需求入手，多方位、高增长地去适应和满足庞大的国内市场。首先，中铁装备明确了自身的经营领域：不局限于盾构机制造，而是放眼于整个隧道施工所需的系列装备。

作为中国中铁的下级企业，中铁装备的业务领域和本公司的市场定位，决定了其自身的经营范围，即生产经营隧道系列装备。除此之外，尽管盾构机有着巨大的市场潜力，但是中铁装备从长远考虑，意识到仅局限于一类产品会使得公司的经营业务过窄，不利于未来发展。因此，中铁装备需要为企业打造多元化的长远的发展空间。

中铁装备将自身界定为隧道开发综合服务商，这与盾构机市场的整体状态和需求有关。当时，国外盾构机企业占据较大的市场份额，隧道开发商选择盾构机的空间狭窄，导致供需关系处于极度不平衡的状态。隧道开发企业不仅议价能力低，而且购买盾构机后的售后服务也无法得到保障。

除此之外，国外盾构机由于不适应中国地质结构往往也会出现很多问题。中国亟须定制化盾构机产品来满足不同地质环境的开发需求。中铁装备在长期实践中，充分感受到国内盾构机市场服务的不完善，意识到服务建设在该行业的重要性，于是找到了企业发展的突破口——成为盾构机行业的综合服务商。

在如此宏伟愿景的指引下，中铁装备又该如何去做？

中铁装备提出的一个战略目标就是三年占市场，对于当时环境下的中铁装备而言，这是一个大胆的想法，是十分超前的探索与尝试。

在当时的很多国企看来，按部就班、稳扎稳打是一种务实的、低风险的、对国有资产负责的创业方式，采用过度冒进的战略，容易导致创业失败。当时的中铁装备可谓处处都处于市场竞争的劣势地位。保守的看法，是聚焦核心竞争力打造，步步为营、循序渐进，在三年内，待时机各方面成熟时，厚积薄发，推动企业进入快速成长期。

但兵无常形，水无常势，机会稍纵即逝，中铁装备的领导层，从不死背教条，他们的字典里只有一个字：变。

中铁装备打破常规，提出在三年内占领全国市场的战略目标，其背后究竟有着怎样的战略思考和现实依据呢？

第一，随着国家启动大规模的基础设施建设，城市轨道交通、水利、能源运输等工程都涉及隧道建设；在众多隧道建设项目中盾构机施工占很大比重，这为发展国内盾构机产业提供了较好的机会。同时，国家在政策上也给予大量支持。面对这样前所未有的发展机会，中铁装备要么选择借势而上，要么就只能坐失良机。正所谓机不可失，时不再来，中铁装备必须抓住机遇。一旦国内市场需求被国外优势品牌填补，到那时再想发展，困难会更大。

第二，市场有多大，竞争就有多激烈。虽然中铁装备已先行一步，在技术方面具备了一定的领先优势；但如止步不前，可能在短时间内会被赶超。因此，唯有发挥优势，中铁装备才能实现持续发展。

第三，愿景宏大，但要从实际出发。作为中国装备制造的领军者，虽然优势很明显，但一定要从现实出发。中国中铁已经占据中国隧道施工的半壁江山，并且也是国内最早使用盾构机进行隧道施工的企业，其盾构机使用率居国内之首。子公司中铁装备的盾构机只要能够满足中国中铁内部的需求，就能占领近半数的国内盾构机市场。中国中铁实施的隧道施工项目中，有很多都是国内高难度项目，具有极高的行业示范作用，一旦中铁号盾构机在这类项目中成功使用，那么，对打开全国的市场就具有极强的示范效应。

　　除了三年短期目标，中铁装备还提出了五年创品牌的战略目标。不仅要站稳市场，还要提升企业影响力——这就是中铁装备当时最真实的想法。尽管当时国内还未出现大量本土盾构机企业，但是中铁装备领导层敏锐地预感到未来盾构机市场竞争的激烈性，创建品牌是企业决胜未来、实现可持续发展的必由之路，打造品牌可以助力企业形成持续高速增长的核心竞争力。

　　中铁装备的远见和战略也高度契合了多年之后习近平总书记在考察中铁装备时提出的"三个转变"重要指示精神。这更令人振奋！

　　是呀，从制造到创造、从速度到质量、从产品到品牌的转变，对一个企业的发展有着方向性的导航作用。

　　首先，创品牌是高质量占领市场的必然选择。对于中铁装备而言，与其说品牌是有意打造出来的，不如说是一个顺其自然的过程。中铁装备在占领市场的过程中对产品和服务品质高度关注，把每一次交付都视为决定自己生死存亡的关键，用中铁装备人的话说就是："我们是败不起的，任何一次失败都可能将我们推入万丈深渊。"在产品质量上，中铁装备大力实施技术创新，严格控制产品品质，确保中铁号每一次都有卓越表现；在服务质量上，中铁装备坚持以客户为中心，提供全流程、管家式服务，确保每一位客户都能获得超预期服务。无数次让客户赞不绝口的零缺陷产品和服务，快速形成了良好的市场口碑，中铁号品牌也随之形成。

其次，创品牌是持续高效占领市场的必要条件。如果说短期开拓市场依靠企业的产品力和营销力，那么，从长期来看，能够支撑企业持续快速占领市场离不开品牌力。企业在发展中如果能够持续有效控制品质，为市场提供高质量的产品和服务，则会形成较好的市场口碑。品牌价值能够给企业带来源源不断的市场。中铁装备的品牌获得市场认可后，市场扩张阻力明显下降，大量订单纷至沓来，业绩增长也远超中铁装备最初预期，这便是品牌的功效。

抱团发展盾构机产业

中铁装备提出的三年占市场目标和品牌战略计划，完全契合整个中国中铁的长远规划，也符合当时国内的大市场需求。

在全公司范围内，中铁装备整合各方面资源，激发了创新活力，为加速推进盾构机产业化的进程，培育新的经济增长点，提高盾构机国产化水平，振兴我们的民族工业，起到了极其重要的作用。

中铁装备领导班子经过慎重考虑，提出了自己的思路。

第一，要有战略思维，超前定位方向。企业的发展一定要有自己的方向。定位定得好，方向走得对，才会走得稳、走得好。中铁装备公司的领导班子一直在思考企业的发展战略，也很快达成了共识，即将公司打造成国内领先的隧道装备综合服务商。具体讲，则是：坚持研发为龙头，效益为中心，推进研发国际化、技术专业化、运作规范化、产品标准化，依托总公司，面向全国，走向海外，实施盾构机产业一体化，建成"国内领先、国际先进"的盾构机基地。

第二，要有长远观念，坚持协同发展。盾构机产业要与相关产业进行协同发展。在抓好盾构机研发制造这一核心业务的同时，一定要有全局观念，正确处理好盾构机产业与相关隧道产业的关系，统筹好隧道专用配套设备的研制和机电工程业务的开发，充分发挥产业链的联动效应和协同优势，逐步将公司建设成隧道装备的综合服务商。要突出设计研发的龙头地位，攥紧知识产权这条生命线，按照"大投入、大科研、大成果"工作思路，争取更多资金和政策支持，创造更多一流产品，同时，以"六个中心"（设计研发中心、制造与维修改造中心、设备租赁中心、技术服务中心、机电工程中心和盾构工程技术中心）为基本架构，整合研发设计、盾构制造、设备租赁、专业设备制造、盾构技术实验、技术服务和培训、维修改造和技术升级、机电工程安装等八大业务板块，创建具有世界水平的隧道装备产业一体化基地。

第三，具有世界级眼光，逐步实施海外战略。在当前经济全球化、企业国际化的视野下，国内大企业都在积极实施海外战略，参与国际竞争，拓展生存和发展空间，确保企业可持续发展。作为新创企业，一定也要有宽广的世界眼光，树立海外经营的理念，在抓好国内市场经营的同时，依托总公司的海外战略，把握时机，适时进入海外盾构机市场。

第四，通过参与国际竞争，积极学习世界先进制造企业的管理理念，带动企业管理与国际接轨，为早日实现"依托总公司，面向全国，走向世界"的战略目标奠定基础。为此，确立了"三个计划"。其一，"中铁装备，装备中铁"。用2年左右时间（2010—2011年），依托总公司，满足中铁内部市场需求，成为中国中铁的机械制造核心骨干企业。其二，"中铁装备，装备中国"。用3年左右时间（2012—2014年），通过产品的专业化、管理的现代化，布局全国市场，使市场占有率达到全国第一，成为国内最优秀的盾构机制造企业。其三，"中铁装备，装备世界"。用 5 年左右时间（2015—2020 年），推进管理的国际化、生产的标准化，走向海外市场，打造世界盾构机的民族品牌。

同时，政府的相关政策也有利好传来。国家科技部、河南省政府、郑州市政府也从各方面给予鼎力支持。中铁装备先后得到了国家转型升级补贴以及各种资金扶持。

在各方的共同推动下，中铁装备边建设边生产，加大研发力度，不断创新突破。2009 年，在中铁 1 号的基础上，又相继完成了 13 台两种类型（液驱、电驱）复合土压平衡盾构机的设计，实现了软岩盾构机设计的标准化、系列化。积极拓展新领域，开发新产品，着手硬岩盾构机这一国内空白项目的研发。

另外，中铁装备积极参加各种供需见面会，作专题演讲，与政府、企业、专家深入交流，宣传自己的产品。2010 年 5 月，韩亚丽带队参加第四届中国国际隧道与地下工程技术展览会，这是公司成立后的第一次重大亮相，成为全场展会最耀眼的明星。中铁装备公司又先后参加了第四届中国国际（上海）隧道与地下工程技术展览会、新西兰 CORE 2010 铁路工程会议展览、中国（郑州）国际先进装备制造业博览会和深圳第十二届中国国际高新技术成果交易会等大型展览活动，受到政府、行业、大众、客户等各界的广泛关注。

团结才是力量。中铁装备很快就联合郑州蝶阀厂股份有限公司、郑州宇通重工股份有限公司等 7 家单位，以及郑州大学、河南工业大学等 6 所高等院校，发起成立了河南省盾构产业技术创新战略联盟。2010 年 5 月，在河南省科技活动周启动仪式上，河南省盾构产业技术创新战略联盟（以下简称"河南省盾构联盟"）正式签约组建。河南省盾构联盟是根据国家六部委《关于推动产业技术创新战略联盟构建的指导意见》和《河南省中长期科学和技术发展规划纲要》中关于"重点研究开发大型盾构机"需要而组建的国内第一家盾构装备制造技术创新与交流合作的战略联盟。

　　该联盟以盾构机研发为主题，通过整合联盟成员相关资源，实现资源共享，强强联合，变个体优势为团体优势，引导创新要素向优势企业集聚，从而实现河南省盾构机产业结构的优化升级。中铁装备作为全国最早从事盾构机研发的单位之一，在盾构机技术领域已获得多项国家发明专利和实用新型专利，形成了一批具有自主知识产权的科研成果，为河南省盾构联盟的构建打下了坚实基础。盾构联盟的成立，对提升中铁装备在河南省盾构产业的领袖地位具有重大意义，为实现公司长远战略目标提供了更加广阔的支持平台，也直接培育、拉动了本省的机械、电力、液压、材料、传感器、运输、工程施工、技术咨询服务等相关产业发展。

　　另外，为保障公司提出的"三年占市场，五年创品牌"规划顺利实现，国家政府也提供了大力支持，中国中铁股份公司更是全力保障。中铁装备人也下决心，不能辜负各方的帮助，一定要靠自身努力拼搏，让中铁号盾构机打开市场。

　　中铁装备的领导员工都是盾构机的义务"推销员"，逢人便夸赞他们的中铁号盾构机。"以技术服务先行，靠客户信任发展"，是他们提出的经营理念。"我们不能说自己有多好，但我们知道过去隧道施工出过很多事，只要用了我们设计的盾构机，就可以有效规避这些问题。"

还是有不少施工单位和业主对中铁号盾构机半信半疑。有的单位直接对中铁装备表示："要理解我们呀，我们也不能轻易冒险，毕竟一个工程好几十个亿，要是真的失败了，谁来担责呢。不是我们不用你们的产品，而是我们不能拿我们的工程当实验吧。"

有的单位则委婉地拒绝道："真的很抱歉！我们其实很愿意购买你们的产品，但是业主方面有自己的意见。他们不同意使用国产的盾构机。他们认为，国产盾构机目前技术还不够成熟，有很大的风险。确实抱歉。"

针对这些问题，中铁装备又是如何解决的呢？他们又是怎样去做的呢？

中铁装备领导们一致认定，虽然中铁装备生产的设备与国外的设备相比，在设计理念、工艺制造等许多方面还存在差距，但是他们依然具备自己的独特优势。并且这样的优势是其他国外企业所无法具备的，更是无法实现的。他们所说的优势就是完美的技术服务和广泛的设备适应性。

许多施工单位对使用进口设备都有一个共同感受："服务费用高，且不能满足中方需求。"

因为中方不掌握核心技术，施工中一旦设备出现故障，往往束手无策，只能等待国外厂商技术人员来上门服务，而相关服务费用则是从技术人员乘机开始算起。而且，他们严格执行每天 8 小时工作制，对食宿也有非常高的要求。而中铁装备从成立之初就秉承"让隧道施工更好更快更安全"的理念，只要有施工单位订购了他们的设备，他们就会派技术人员全程跟踪，随叫随到，发现问题，随时解决，让客户用得放心、安心、舒心。

也就是说，中铁号盾构机，有着全方位的技术服务理念，类似于当下有些企业提供的上门服务。只要机器出现问题，他们第一时间就能快捷、方便地提供各方面服务，让客户和业主不再为问题而担忧。这与国外的技术服务就形成了鲜明的对比。国外的技术服务虽然也好，但毕竟"远水救不了近火"，也没法随叫随到，交通、环境、时间等因素造就了诸多不便。

另外，中铁装备的盾构机不仅拥有相关服务设备，而且会提供一整套的系统性服务，甚至附加服务，譬如包括土木施工、盾构机始发技术、掘进参数选择、渣土改良措施，等等。而这些附加服务则是国外企业无法提供的。除此，还因为中国中铁是中国乃至世界先进的建筑企业，建筑方面的附加服务，更是代表了世界级水平。这些附加服务让中铁装备具有了国外企业所没有的特质和优势。

对于设备的适应性，中铁装备更是有着与国外企业不一样的先天优势。首先，中国中铁拥有几十年的施工经验，比国外的生产厂家更懂得中国的地质情况，可以将施工经验融入产品的设计研发，针对不同的地质状况、进行个性化设计和制造，使盾构机更经济、实用适应性要远远强于国外盾构机。事实也确实如此，外国盾构机在中国隧道的施工中，已不止一次出现了"水土不服"现象。他们的产品或许在某些技术环节更先进，但针对中国的具体情况，却往往适应性不强，很多时候不能适应中国的施工现场环境，从而导致后期服务十分困难。

除了技术服务和适应性具有优势，中铁装备的不断创新能力，也是他们迅速成为国内市场的核心竞争力之一。在2010年公司的工作会议上，中铁装备领导班子就提出："在过去，人们会将创新看作一次冒险。但我可以告诉你们，现在不创新才是一个企业最大的风险。因此，要想实现企业的较快较好发展，就要不断寻求新的突破与变革，并要积极与世界一流的制造企业无缝对接。创新，才是永恒的动力，才是一个企业的发动机。我们就是要通过不断地创新，亮出我们的'宝剑'，打出我们的气势，舞出我们的风采！"

2009年12月和2010年1月出厂的中铁3号、中铁4号盾构机，应用于北京地铁10号线公主坟站至西钓鱼台站区间，针对该区间地下有卵石且大而密集的特点，采用了自主研发的变频驱动和带式螺旋输送机，有效规避了施工风险。随后，中铁5号、中铁6号、中铁7号、中铁8号先后下线，分别用于北京南水北调配套南干渠工程、西安地铁工程、郑州地铁试验段施工和沈阳地铁2号线北崇区间施工，在技术上都有不同程度的改进和提升。中铁装备就是这样，一步一个脚印，在创新之路上不断探索，不断突破，不断前行。

"中铁盾构，装备中国"。在盾构机国产化的道路上，中铁装备人勇立潮头，一次次书写了新的篇章，一次次创造了新的奇迹。2011年2月，中铁16号在西安市政道桥公司承担施工的西安地铁1号线顺利始发，这是中铁装备首次打入中铁系统外市场，迈出了可喜的第一步。

有付出必有收获。中铁装备在市场上不断拿下新的订单，研发出新的优质产品，品牌影响力得到迅速提升，这时曾经对中铁号盾构机半信半疑的施工单位，也开始渐渐认可国产盾构机，从试用1台，再到与进口设备并用，最后完全放弃进口设备，完全使用中铁号产品。

是的，好盾构机肯定会自己说话，好产品肯定能找到好买家。中铁装备就是靠着"产品"和"人品"，凭着"质量"与"品德"，真真切切取得了业内的广泛信任。

2010年，业内权威人士就将北方重工（北）、中铁装备（中）、上海隧道（南）三家拥有自主知识产权、具有独立研发制造能力的规模型企业，并称为国内盾构机制造企业的"第一集团"，"三驾马车"在国内建筑市场"勇敢奔驰"。

到了2011年年底，中铁装备就已经承担了北京、重庆、大连、宁波、沈阳、天津、无锡、武汉、西安、郑州等18个城市的轨道交通项目和水工隧洞项目的施工任务，安全穿越粉土淤泥地质、粉质黏土地质、大直径卵石地质、黄土及砂层地质、砂卵石地质、砂质泥岩地质、岩石地质、饱水疏松砂岩地质、失水性砂砾地质、高富水地质以及城市繁华区域、地下构筑物等复杂地段。中铁装备的影响和口碑也在大半个中国传开。

随着中铁号盾构机国产化率不断提升，很多关键零部件也相继实现了完全国产化。在与国外盾构机同台竞技的过程中，我们无论是整体性能、地质适应性、掘进速度，还是跟踪服务等方面，都表现出了强大的竞争能力和适应能力，国外盾构机在国内市场的占比至少降幅 20%。盾构机国产化还带动了国内相关配套产业的快速发展。

这些亮眼的成绩单令中铁装备员工无比自豪，也让中国中铁感到由衷的欣慰。

除了主业做强盾构机装备研发和生产，中铁装备还未雨绸缪，积极致力于隧道施工各类专用设备的研发和制造，相继开发出直交变频机车、管片车、砂浆车、出渣矿车、多功能钻机、混凝土喷射机械手、隧道挖装机、自动防水板铺设机、新型模板台车等一系列隧道施工的配套设备，为各类隧道及地下工程提供全系列、全方位、立体式的配套服务，初步实现了"主打产品系列化，产品门类多样化，隧道装备产业纵向一体化"的产品开发目标。这样，便符合"一个主干，分枝开叶"的全系统的生产格局，为中铁装备后期的发展打下了坚实的基础。

"长风破浪会有时，直挂云帆济沧海。"虽然前期困难重重，曲折多变，但中铁装备攻坚克难，最终打开局面，实现了"三年占市场"的目标，也完成了"五年创品牌"的规划，其生产的中铁号盾构机，在国内市场占有一席之地，也在中国工业的宏伟蓝图上画下浓墨重彩的一笔。

第五章

从国内到国外

开拓大西南，成都是重要一站

中铁号盾构机得到了国内市场的普遍好评，如何巩固这一成果，让中铁号盾构机在全国扎根更深，是摆在中铁装备领导层面前的下一道难题。

针对如何拓展国内市场版图，他们擘画了几个市场开拓战略："开拓大西南""挺进华南""扎根华北"要齐头并进。而要"开拓大西南"，最关键的则是西南的成都，只有"占领了成都"，才可以站稳西南市场。

那么，成都到底是一个怎样的地方呢？

有作家曾这样描述：成都，就是两个关键词。一个关键词是诗歌；另一个关键词是大熊猫。与成都有关的诗篇，历朝历代都有传扬和歌唱。大汉时期的司马相如和扬雄，他们的诗文和辞赋，影响至今近两千年。盛唐的两座双子星李白和杜甫。一个眼中有明月和江山，一个心中有苍生和百姓。他们的诗歌璀璨千古。再到后来的明朝第一才子杨慎，"滚滚长江东逝水，浪花淘尽英雄……青山依旧在，几度夕阳红"，大江东去，但文风至今还流传。成都的现当代诗人，更是数不胜数。这座诗歌城市充满着文化和诗意。

另一个关键词"大熊猫"，更是独一无二。全国大熊猫基本都在四川，四川的大熊猫以成都最有特色。成都的大熊猫基地声名远播。四川的宣传语"三九大"即指三星堆九寨沟大熊猫。大熊猫，是成都的标志和象征。有了诗歌和大熊猫，再加上美食，也就自然而然让成都成了人们心中"一座来了就不想离开的城市"。

真实中的成都不仅仅有这些。

对于中铁装备人来说，他们之所以选择成都，并对成都铭记难忘，不仅仅是成都的诗词和美景，还有成都潜在的超级市场，和作为大西南前沿的战略影响力。

成都是四川省省会、副省级市、超大城市、国家中心城市、成渝地区双城经济圈核心城市，是西南地区的科技中心、商贸中心、金融中心和交通、通信枢纽，还是国务院批复确定的国家重要的高新技术产业基地、商贸物流中心和综合交通枢纽、西部地区重要的中心城市。截至2021年年底，全市下辖12个市辖区、3个县、代管5个县级市，常住人口2119.2万人，常住人口城镇化率79.48%。另外，成都地处中国西南地区、四川盆地西部、成都平原腹地，地势平坦、河网纵横、物产丰富、农业发达，自古有"天府之国"的美誉。有国家级科研机构30家，国家级研发平台67个，世界500强企业落户数百家。

在中铁装备人看来，只要"占领了成都"，就确保了大西南的庞大市场。中铁装备公司积极寻找参与成都地铁修建的机会，随时准备提供最全面的技术力量。

"进军西南，占领成都"，实际情况却是复杂的。当时成都修建地铁1号线，动用了8台进口盾构机，其中7台是土压平衡盾构机，1 台是泥水盾构机。因为成都的地质特别复杂，属于富水砂卵石地层，一般的盾构机很难适应，8 台进口盾构机先后不同程度出现了"水土不服"情况，其中 1 台盾构机螺旋输送机的轴直接断裂，唯一的 1 台泥水盾构机刀具损坏严重，排渣不畅，施工严重滞后，厂商来人只是提供简单技术方案，更换部分刀具，这严重影响了工期。另外一条线路施工，则进口了美国一家公司的盾构机，因为设计不合理，始发就打偏，没办法只好把盾构机拆走，给施工单位造成了重大损失。

2012 年 1 月，成都地铁 2 号线、4 号线又获批开建，4 家施工单位除了自己有盾构机设备外，还需要另外新购几台盾构机。

中国是个"地质博物馆"，成都地区地质尤为复杂，漂石、砂卵石、涌水突出，为确保安全，在以往的地铁施工中，所有盾构机都严重依赖进口。尽管进口盾构机在施工中，不能顺利掘进而折载退场的情况时有发生，业主和施工单位也依然坚持不用国产盾构机。因为与进口盾构相比，当时我国自主研发的盾构机尚不完全成熟，在许多方面确实存在差距。他们说："不是我们不想用国货，而是实在担心国产盾构机难以保证工程的质量。"

前路漫漫，但并非没有机会。

这种质疑几乎是那些年中铁装备人日常面对的。他们能做的除了耐心，就是让事实去证明一切。而对成都方面的疑问，他们有的放矢，很快就提出了自己的应对策略，一个是技术的全面服务，一个是本土的适应性。

越是困难，越应该去战胜克服，越应该满怀希望。对于成都方面业主和施工单位的担忧和怀疑，中铁装备并没有选择放弃，反而愈挫愈勇。

他们当然清楚此次来成都所要面临的曲折和阻力，但是他们依然充满着信心。韩亚丽心想，只要拿出自己的诚意，向成都方详细说明他们完美的技术服务方案，就一定能说服他们。

韩亚丽回忆："当时，我们前后20余次和成都业主、施工单位、设计单位、技术专家等，进行了详细的汇报、真诚的交流，我们从设备的针对性设计，到售后服务的保障，等等，一点一滴地打消了他们的疑虑和担忧，也让他们真实感受到我们的坦诚和决心。"

"皇天不负有心人"，终于经过几个月的努力，成都方面严防紧闭的"大门"终于向中铁装备敞开了。

虽然与成都方面达成了共识，但是，双方一致认为，哪怕再细微的地方，也不能犯错。毕竟这是几百亿元的建筑工程，所以几家施工单位均采用1+1的模式，中铁号盾构机和国外盾构机同时采购。说得简单一点，就是机会是公平的。是骡子是马，拉出来遛一遛。

当时一个施工单位的负责人就说："我们也很担心。因为，这是第一次使用国产盾构机，又是在地质复杂的成都地区，尽管我们爱国，也信任我们自己的国货，但是工程讲究的是科学和严谨，来不得半点马虎，出不得一点疏忽。虽然大家达成了共识，但我们心里也没有底。我们是冒着巨大的风险，在给中铁装备提供一个表演的舞台，一个证明自己的机会。"于是，当时的中铁号盾构机和国外品牌盾构机，便采取左右线同时始发，同台竞技。起点一样，终点也一样，就看谁在这场竞争中最先跑到终点，谁是最后的胜利者。

"当时，尽管这样，我们还做了一个后手。就是考虑到万一中铁号真的失败了。我们也有洋盾构机的备份，并提供了潜在的风险支援准备，以保证工程的顺利完工。"该负责人称，虽然后来结果证明是他们多虑了，但当时的情况，不得不让他们做好最坏的打算和准备。因为，谁也负不起这个责任，只有各方面都想到，都做好应有的准备，才能让自己安心和放心。

接下来，该中铁号盾构机隆重登场了。在天府之国成都的舞台上，它将开始自己的精彩表演。

为了确保中铁号盾构机按期交付施工单位，自 2012 年 7 月开始，中铁装备便在成都租用厂房，组织专业队伍、利用当地的劳务，展开了如火如荼的生产和调试。仅一个多月时间，他们就完成了 4 台盾构机刀盘的面板拼接和 2 台盾构机的刀盘改造任务。

对此，施工单位十分惊叹："中铁精神真不是吹的。时间那么紧，任务那么重，竟能在如此短的时间里完成这样艰巨的任务，中铁人真是有铁的纪律、钢的精神！"

8 月，中铁装备在成都地铁项目中为中铁二局 S394 盾构机定制生产的第一台刀盘——中铁 71 号刀盘通过验收并运输出厂，为成都项目的顺利进展奠定了基础。

2012 年 11 月 26 日，中铁 62 号盾构机在成都顺利下线，这是中铁号系列盾构机在成都地区始发的首台盾构机。随后，用于成都地铁建设的其他盾构机也先后下线。

但施工过程中仍然不可避免地遇到了难点和问题。

时任液压所所长李光说："第1台盾构机始发时发现，加载运行不到2个小时的液压油箱内油液出现很多气泡，气泡会引起液压系统气蚀现象，损坏液压部件，必须把气泡产生的原因找出来。"面对出现的问题，李光带领设计人员，立马组织团队现场办公，下井找原因，在井下一待就是十几个小时，到了吃饭时间，他们也不出井，就在井下吃快餐，吃完继续排查。几天时间，为了争分夺秒，抢占先机，他们尝试了各种方法，但是一直没有找到原因。这可急坏了大家。几百亿元的工程，因为这一问题严重影响到整个工程的进度，损失不可低估。

"不能放弃，一定要解决问题。再大的困难，我都见过。不能因为成都的这个问题，而轻易放弃。"李光下定决心，重新鼓起勇气，又带领着手下的设计人员，换了新的思路，到其他盾构机上去进行相关测试。"前2台也有这个问题，测试第3台盾构机，加载时没有气泡产生。"李光顿时感觉到，这就是突破点所在。于是，技术人员开始在没有气泡的盾构机上进行拆检，再一一对比设计图纸，发现在油箱内部回油管儿上设计有一个小孔，但恰恰就是这台机上没有。"这就对了。就是这个问题。我们最初设计小孔，是为了防止油管被吸瘪，但没想到这个新设计竟引起了更严重的问题。"李光称，这个小小的孔导致了一系列大的问题，也让他们更加深刻地明白：设计研发，必须更加严谨，绝对不能马虎大意！

　　问题一拨一拨来了。国产的中铁号盾构机刚刚解决了小孔的问题，国外盾构机也出现了麻烦。当时，成都地铁4号线建设的国外知名品牌S394盾构机就出现了"水土不服"现象，由于渣土改良系统设计与工程地质不适应，遇到富水砂卵石地层时，掘进速度骤降，遇到无水砂卵石底层，出现地面沉降，生产厂商也找不到任何解决办法，施工一度陷入僵局。

　　无奈，施工方找到了中铁装备，请求援助。

　　中铁装备毫不犹豫承担了S394盾构机的改造任务。他们在组织设计研究总院、技术服务分公司技术专家进行现场调研的基础上，和施工单位专家一起多次召开研讨会，研究确定刀盘适应性改造方案。通过更换取消部分刀具、增设冲刷系统等措施，有效解决了刀盘切削率低、进出渣不顺畅等问题，迅速扭转了施工被动局面，掘进速度由之前的日均8米到9米，变为日均23米，最高日掘进25米，日平均掘进速度接近改造前速度的3倍。成都方和施工方对改造的效果非常满意，也对中铁装备的技术能力大为赞赏。

　　成功改造国外盾构机，大大提振了中铁装备人的信心，也提高了他们在成都业主方的公信力和影响力。以前对他们半信半疑的单位，也逐渐放下成见，开始放心接受他们的产品。

　　中铁装备技术人员也暗下决心，在致力盾构机研发制造的同时，更要注重技术服务和再制造业务的拓展，大幅提升应对国内各类复杂地质的技术水平。

　　经过成都地铁2号线、4号线前后10个月的同场比拼，四台中铁号盾构机的各项性能指标均优于国外品牌盾构。而且，其中一个晚一个月开工，却还提前一个月出洞，这些战绩彻底征服了几家施工单位。

随后，成都地铁3号线、7号线施工中所需的29台盾构机，都纷纷一致选择了"中铁号"。

"成都会战"，中铁装备再一次靠"人品"和"产品"，凭"质量"和"道德"，得到了各方的赞誉和信任。中铁装备形成了一个施工、研发、制造、售后等良性互动的闭合环，使施工技术与装备制造个性技术有机结合的链条越来越短，全力为成都地铁建设保驾护航。

"接到技术响应任务后，工程师5分钟内联系用户、2小时到达现场、4小时内找出故障点、8小时内提出解决方案"，这是成都地铁盾构机施工技术服务细则中的内容。在这个服务细则中，包含了盾构机组装调试、专用设备租赁、物资供应、配件供应、技术培训等全方位的服务内容，服务中心成为地铁盾构机施工的"贴心管家"。

技术服务人员冉晨更有一次在井下进行售后服务，手机信号不好，3个小时后出井，来电提醒有34条，这34条未接电话提醒客观地记录了技术服务人员的工作量。

正是有无数和冉晨更一样有奉献精神的技术服务人员，才保证了"中铁号"在成都地铁建设中的顺利掘进，他们也靠"软实力"为中铁装备赢得了业主和施工方的尊重与信任。

2013年7月，由中铁装备为成都地铁3号线三标量身定做的中铁83号盾构机静悄悄穿越中国移动公司信息采集枢纽等47栋建筑物，无一起施工扰动事件发生，创造了累计沉降值最大为3.7毫米的施工奇迹。

2017年5月，中铁装备在成都建成首个技术服务基地，以更多的资源投入，回馈多年来成都市场对中铁装备的信任，并以技术服务基地为平台，进一步促进同各级政府部门、各兄弟单位之间的沟通交流，共同建立长期、稳定、紧密的合作关系，为天府之都的建设发展贡献力量。

截至2022年11月，成都地区共使用中铁号盾构机近百台。拿下成都，标志着中铁装备基本攻下了中国的大西南。

挺进深圳，开拓华南

"占领大西南"是"中铁号"盾构机打开国内市场的一次重大"战役"，而"挺进深圳"，则是"开拓华南"的重要"桥头堡"。

深圳，简称"深"，别称鹏城，是广东省副省级市，国家计划单列市，超大城市，国务院批复确定的中国经济特区、全国性经济中心城市、国际化城市、科技创新中心、区域金融中心、商贸物流中心。全市下辖9个行政区和1个新区，总面积 1997.47 平方千米，建成区面积 927.96 平方千米。2021 年，全市地区生产总值为 30664.85 亿元。深圳地处中国华南地区、广东南部、珠江口东岸，东临大亚湾和大鹏湾，西濒珠江口和伶仃洋，南隔深圳河与香港相连，是粤港澳大湾区四大中心城市之一、国家物流枢纽、国际性综合交通枢纽、国际科技产业创新中心、中国三大全国性金融中心之一，并且是全力建设中国特色社会主义先行示范区、综合性国家科学中心、全球海洋中心城市。

深圳对于中国有着特别重要的意义，它是改革开放的桥头堡，是先锋，是排头兵。在这片热土上，涌现出了不少优秀的企业。改革的春风吹来的不仅是政策红利，更吹来了公平、自由的市场竞争环境，也激起了所有怀揣梦想的企业家、创业者在这片充满着激情和热血的土地上，奉献自己的青春，挥洒着自己的豪情。

如果说成都是中铁号盾构机消除市场质疑、开辟大西南的第一站，那么深圳则是中铁号盾构机进军全国市场的关键之城。

2012 年，深圳地铁三期工程的 7 号线、9 号线、11 号线开始修建，中国建筑、中国电建、中国中铁三家单位负责施工。三强争雄，各显神通。当时，深圳轨道交通建设作为我国地铁建设的排头兵，在技术创新、施工创新、管理创新方面，已经在国内树立了行业的标杆。那么，即将开工建设的地铁 11 号线，则是一个新的挑战。由于该线要穿越复杂的地层地质，施工条件十分复杂，建造技术标准要求严格，对施工技术和盾构机设备的要求也十分挑剔。

深圳轨道交通建设的现状是，基本采用德国的海瑞克设备。海瑞克在广州有自己的制造工厂，因此不存在"水土不服"的情况。他们的技术服务和适应性，较之中铁号盾构机并不存在明显短板。因此，当时广东地区的盾构机市场几乎被海瑞克所独占，对"中铁号"形成了压倒性的优势。

虽然作为国内顶尖的施工商，参建三家央企在国内基础设施建设市场的占有率达 70% 以上。但是，在设备的选择上，三家央企考量的因素却各有不同。

作为业主方，深圳市政府对中铁号盾构机进入深圳也比较保守。他们态度慎重，表示可以让"中铁号"尝试，但暂时不敢将业务全部交给他们。说到底，还是对中铁装备心里没底。

2011年，时任深圳市政府副秘书长赵鹏林带队，深圳市轨道办、发改委、财政委、规划国土委等政府部门，以及深圳地铁公司等单位一行15人组成的BT项目调研组，到中铁装备进行了先期调研考察，举行了深圳地铁盾构机技术交流会。中铁装备总经理韩亚丽从公司的发展概况、盾构机研发历程、盾构机业绩以及深圳盾构机的地质适应性分析等四个方面，向深圳方进行了详细而深入的介绍，也表达了中铁装备参与深圳建设的决心和诚意。同时，双方就盾构机刀盘设计、地质适应性以及施工人员工作环境改善等问题，也深入交换了意见，发表了看法，表达了合作的意向。

赵鹏林当时就表示，中国中铁在深圳市基础建设中做出了很大贡献，特别是在推行地铁施工BT模式的实践中做了很多尝试和努力，推动了深圳地铁建设的管理创新和施工技术创新，为深圳地铁建设积累了经验；经过短短几年时间发展，在盾构机研发、关键技术掌握和盾构机生产制造等方面取得了惊人的成绩，在盾构机设计和适应性上有较深的理解，在盾构机生产制造能力上具有很大优势。通过此次考察交流活动，对深圳市地铁盾构机适应性的认识和盾构机市场认知有了进一步深化，对中铁装备如何发挥在盾构机研发制造和技术服务等方面的专业优势和成熟经验，开拓深圳地铁盾构机市场有着积极意义。赵鹏林希望中铁号盾构机在深圳与国外盾构机进行一次公平的市场大竞赛。一场没有硝烟的战斗将再一次打响。

深圳地铁 11 号线是连接深圳宝安机场与福田商务区的核心干线，也是深圳的市政工程，身兼机场快线和广深城际轨道线路双重任务，沿线地面涉及市政道路等多种地形，区间主要以砾质黏性土、全强风化花岗岩为主，局部地质为中微风岩、素填土、沙层、填石层、孤石及基岩凸起。这些环境条件要求施工盾构机不仅稳定性要高，而且能够严格控制地面沉降。11 号线建设由中国中铁负责，中国中铁毫不犹豫选择了自家的盾构机。

中铁装备核心技术骨干，曾参与过深圳地铁 1 号线建设，在使用国外品牌盾构机时，发现出现过刀盘被孤石磨坏、设备掘进不稳定等情况，深知设备的适应性和针对性对于深圳独特的复合地层特别重要。正因为有了前期的经验和教训，在"创新"之城，在"变"与"不变"之间，中铁装备人经过平衡，最终进行了最合适的取舍。

2013 年 3 月，专为深圳地铁 11 号线施工量身打造的中铁 67 号盾构机下线。中铁 67 号为土压平衡式盾构机，是中铁装备经过数月的技术攻关，结合深圳地铁 11 号线地质情况，专门设计制造的开挖直径为 6.98 米大型盾构机，其中主驱动功率 1120 千瓦，大管片外径为 6.7 米，主机重量超过 500 吨，根据深圳地层情况，对刀盘进行了针对性设计。为保证项目按期完成，中铁装备领导层及技术骨干多次奔赴深圳实地考察，进行线路勘察，召开联络会议，确保盾构机设计的针对性和适应性。项目组人员克服南方连续暴雨、高温天气及蚊虫叮咬等多重困难，25 天内完成了中铁 67 号和中铁 68 号两台盾构机的组装任务，先后一次性通过验收并顺利始发。

"中铁号"在地铁 11 号线建设中的成功使用，为中铁装备与中国建筑、中国电建的合作奠定了良好基础。而中铁装备人也即将面临真正的大考。

第一次参与地铁施工总承包建设的中国建筑和中国电建此刻正在选择地铁施工最核心的装备——盾构机。

当时，"中铁号"在自家的施工项目上成功验收，但是另外两家又会做何选择呢？到底是国外盾构机，还是"中铁号"？中铁装备其实心里并没有底。

为了让中国建筑打消疑虑，韩亚丽和时任公司副总经理的谭顺辉多次与中国建筑真诚沟通，反复推介，详细列举了"中铁号"在成都、天津、河南等地所取得的成功经验，并详细帮中国建筑分析了"中铁号"与国外盾构机之间的优劣对比，等等。

由于中国建筑是第一次进入轨道交通施工的总包领域，他们对于许多轨道建设会面临的突发性问题也没有前期的经验。在这种情况下，中铁装备人便结合自己的施工特长，创造性地提出了"管家式"服务。

当时，中铁装备全面分析了整个施工情况，针对深圳地铁 9 号线起于南山区深湾站，线路全长 25.38 千米，为保证盾构机的适应性和可靠性，中铁装备多次实地勘测，对地质情况进行深入了解，特别是针对区间全断面中微风化花岗岩、混合岩地层、上软下硬（基岩凸起或软硬地层过渡段）地层、球状风化岩地层等多种地质条件，坚持通用性、针对性、可靠性、技术经济性原则制订详细方案，量身打造，保证盾构机稳定性和掘进速度，严格控制地面沉降。同时，中铁装备还为此专门设立了技术服务中心，明确了"扶上马，送一程"的精准服务理念，从设备始发、人员培训、重难点施工等全方位为中国建筑提供协助。

中铁装备人的真诚和执着最终"敲"开了中国建筑的大门。他们慢慢接触和了解了中铁装备，也派人到中铁装备进行实地考察。最终，中国建筑在深圳地铁9号线施工设备公开招标中，共新购8台盾构机，其中5台为"中铁号"。

《榖梁传·僖公二十二年》中有一句话："言之所以为言者，信也。"中铁装备人用行动说服了对方。在产品制造准备阶段，中铁装备即编制了详细的工期计划，设立了项目管理小组，建立了完善的质量控制体系，对设计、制造实行全过程实时监控，确保进度和质量总体可控。同时，专门派驻具有丰富经验的人员从事售后服务工作，确保用于地铁9号线的各台盾构机现场组装、调试、始发以及试掘进等工作顺利开展。在施工期，他们认真为施工的中建三局、五局、八局进行人员培训，提供技术支撑，真正打造了"一站式"服务，实现了客户价值最大化。

工程结束后，中建三局向中铁装备深圳技术服务中心赠送一面锦旗。中建三局有关负责人表示，中铁装备的服务可以用锦旗上"技术精湛，服务一流"来诠释，和中铁装备的合作，是他十几年职业生涯中最省心、最放心、最舒心的一次合作。

以技术服务先行，靠客户信任发展。中铁装备又一次靠"人品"和"产品"取得了良好口碑，中铁装备与中国建筑从此有了更多的合作。

　　这次虽然没能与中国电建达成合作，但在施工中还是出现了一段感人的小插曲。中国电建为确保工期，临时急需增加一台盾构机。他们便找到中铁装备帮忙。中铁装备二话没说，马上调拨了一台设备以解他们的燃眉之急，接着又组织了技术服务团队进行项目的跟踪和支持，这也得到了中国电建的信赖和认可。虽然此次双方没有全面合作，但这段小小的插曲却让中铁和中国电建结下了友谊，为后来的全面合作创造了条件。

　　"挺进深圳""开拓华南"，吹响了中铁装备进军华南市场的响亮号角，广州、佛山、厦门、福州等地也相继出现了中铁号盾构机的身影。更重要的是，在改革开放的桥头堡，在市场经济最为发达的鹏城，中铁装备第一次以"创新设计、自由竞争"的姿态，正式宣告国产盾构机时代的到来。

　　2018年9月29日，大直径泥水平衡盾构机"春风号"下线，用于深圳春风隧道项目。

截至 2022 年 11 月，用于深圳工程建设的"中铁号"达100 多台，整个华南地区的新机销售量达到了 300 台以上。改革开放 40 周年之际，中铁装备研制的国内最大盾构机"春风号"，投入深圳春风隧道工程建设。

中铁号盾构机，一步一个脚印，在深圳的地底鼎力掘进；用自己的舞姿，在改革开放彩旗猎猎的深圳，跳着一支又一支婀娜的舞蹈。

提升产品，为走向海外做准备

在服务国内基建的同时，摆在中铁装备面前的是如何再进步，去开辟海外市场。

2013 年，郑州中州大道需要在不影响通行的情况下修一条地下通道。当时，大家都知道国外有可以掘进人行通道的小型矩形盾构机，但能否自主研制一台双车道超大断面矩形盾构机，是一个巨大的挑战。

中铁装备研发团队决定接受挑战。

回到单位，研发团队立即召集设计研究总院研发人员开会讨论。平均年龄仅 28 岁的研发人员有一种说不出的喜悦，又可以向新的制高点发起冲锋了。

高兴过后又开始犯起愁来，因为第一次设计这么大的矩形盾构机，国内外没有类似的产品参考，自身也从未设计过类似产品，工程本身难度又很大，超浅覆土、超小间距。

到底从哪里下手呢？研发团队感到很头痛。

当时，有人提出与国外合作。他们找到国外一家公司，希望联合设计，但国外公司听说要做这么大的矩形盾构机，认为是根本不可能的事情。得到国外的否定回复后，他们并没有放弃。"既然不可能，那么我们就要让它变成可能。没有过不去的坎，也没有攀登不了的山，更没有克服不了的困难！"这群充满朝气的年轻人决定不依靠任何人，走自主研发之路。

当时，整个研发项目由时任装备公司副总经理赵华牵头，他带领研究院贾连辉、范磊等人开始"白手起家"，遇到难题，他们就向一些高校和行业专家虚心请教，到上海请教王炳泉老专家，到江苏、广州实地调研寻求帮助。

他们首先从基础的研究开始，接着成立了多学科攻关小组，因为涉及机、电、液、信息多学科技术。当时遇到的最大问题就是如何保障掘进过程不发生偏转。大家每天在会议室讨论研究，寻找最优方案，一点点弄通，一项项攻破，每个人都干劲冲天。只要这一技术研发成功，那么在世界盾构机领域，也会是浓墨重彩的一笔。

他们的努力没有白费。项目研发取得了重大进展，突破了矩形断面低扰动多刀盘协同开挖系统设计技术、矩形掘进机多维度位姿测控技术、矩形薄壳体结构的载荷加载与分析技术等多项国际难题。主要创新点在于揭示了切削系统构型对开挖面稳定性的影响规律，首次提出了多刀盘拓扑分析、层距参数化、动静结合的构型设计方法；发明了多传感器信息融合位姿的在线测量方法，提出了协同纠偏控制策略；首创了双螺旋出渣互馈与掌子面平衡顶推技术。这个项目成功之后，许多先进顶管技术在全国同类工程中首次采用。而且，施工过程中最大沉降量28毫米，无地表隆起。技术上创造了"四个最"——世界断面最大、国内最小覆土、最小净间距、最长未采用中继间的矩形顶

2013 年 12 月，首台矩形盾构机在郑州下线。

管隧道，为国内城市地下工程施工开辟了一种新型的施工工艺。

这个成功的项目，立即引起了国内外的广泛关注。新加坡、以色列、阿联酋等国家，国内的北京、上海、天津、广州、厦门、西安、武汉、南宁、南昌等城市，均派人前来参观，对矩形盾构机安全、高效施工、充分利用空间、缓解交通压力表示出极大兴趣。

项目批量投产后，带动效应辐射到高端机械、液压、电子零部件及相关集成系统领域，有效促进了地下空间开发新工法与新设备的协同创新，引领了地下空间开发领域技术进步，为城市交通隧道、综合管廊、地铁出入口、地下停车场等工地工程建设提供了更安全、更高效、更经济、更环保的新工法与新装备，加快了城市建设与经济发展，对实现城市绿色建造、促进区域经济发展起到了积极作用。

　　中铁装备人再次用自己的实力创造了奇迹，也为后来走向海外积累了宝贵的经验。

第六章

擦亮高端装备制造的名片

马来首秀，走向世界的第一步

走向世界是中国中铁股份公司提高国际影响力的重大决策。

尽管中铁装备成立之初，就已经设立了海外部，但在没有绝对实力之时，要想在海外获得认可谈何容易。

德国、法国、日本、美国这些老牌盾构机制造国，已经经过多年经营和发展，形成了自己独特的标准体系。国产盾构机要想在世界市场的夹缝中赢得生机，该从哪里找突破口呢？

中铁装备人很清楚，第一点，我们肯定不能在人家的基础上去研发，而应该选择一条反向的道路。

中铁装备总经理张志国，也是"装备中铁，装备中国，装备世界"战略的践行者，他说："我们要独辟蹊径，反向创新，走出一条自主创新的革新道路！"他非常清楚，当时国产盾构机的技术路线和特点与国际通行的标准存在一定的差异，必须自主创新，中铁装备才能在国际舞台上，向世界展示中国盾构机技术不一样的精彩和实力。

时间定格在 2012 年。机会终于来了，中国中铁国际集团马来西亚公司承包了马来西亚 MRT 项目（马来西亚捷运线）。

这是中国中铁承建的第一个海外城市地铁工程，也是中国中铁第一次承建海外的集工程设计、采购和工程建造总承包的综合性地铁工程。

那么什么是 MRT 项目？它的背景又是什么呢？

MRT 是吉隆坡经济改革最重要的内容之一，它要求建立的是一个集成的城市大众捷运系统，其轻轨交通网络将穿行连接多达 120 万居民的居民区、经济中心、商业中心和郊区等，以助力吉隆坡跻身大都市和世界宜居城市的行列。

MRT 一期工程，马来西亚政府原计划向欧洲公司采购 10 台盾构机。时任中国中铁国际集团马来西亚公司董事长蔡泽民得知信息后，主动出击，拿出十二分的诚意，积极向业主推介中铁装备生产的土压平衡盾构机，强调"中铁号"不仅价格合理实惠，性能和服务均比同类型的欧洲公司生产的盾构机更有优势。

通过中国中铁国际集团马来西亚公司的推荐，中铁装备立即跟进，公司的"海外形象大使"、时任总经理韩亚丽带队到马来西亚，并约了时间与 MGJV 公司的有关负责人进行会谈。中铁装备以为有了承建商中国中铁国际集团的推荐和多年来自己在国内的技术积累，应该可以打动马来西亚业主，顺利拿到这个订单。

然而，事情并没有他们想象的那么简单。无论他们介绍得多么详细，态度多么诚恳，MGJV 公司的人始终都无动于衷。因为 MGJV 公司对 TBM 的要求非常高，他们认为盾构机必须满足欧洲的标准，而中铁号盾构机显然还存在差距，对于国外常用的双液同步注浆、真空吸盘式的管片抓取、主动铰接系统、英标的人舱，中铁装备并没有实际的案例，也无法提供出相关的技术证明。他们深知标准是欧洲定的，即使"中铁号"的实践成绩很优秀，但却无法说服对方。

他们没有放弃，在郑州与吉隆坡之间来回奔波，不厌其烦地向马来西亚介绍中铁装备短短几年的发展历程，介绍"中铁号"在国内的多个成功案例，希望他们给予"中铁号"一次公平竞争的机会。

"既然，他们对我们'中铁号'不放心，那么就让他们眼见为实！"为了彻底说服客户，韩亚丽做出了一个惊人的举动，那就是热忱邀请 MGJV 董事长到中铁装备参观访问，让他实实在在地了解中铁装备的实力。

MGJV 董事长最终被中铁装备团队的真诚和执着打动，他答应了邀请，亲自带队来到郑州进行实地考察。在考察了中铁装备的生产车间和成都、深圳、南京等地的施工现场之后，他被中铁号盾构机的实力所折服，用他的话说，就是"Seeing is believing"（眼见为实）。在考察结束时，MGJV 董事长表示："中国的盾构机发展速度是令人惊奇的。我们看到了中铁装备的制造能力，中铁装备制造的盾构机被广泛应用在中国各大城市，性能非常好。"

中铁装备终于拿到了订单，MGJV 购买了 2 台中铁号盾构机。

2012 年 6 月，当中铁装备拿到这来之不易的 2 台 CTE6630 型盾构机采购中标通知书时，研发团队都兴奋得跳了起来。这份订单，多么来之不易呀，它标志着中铁装备向海外迈出了关键的第一步。

真正的挑战才刚刚开始。执行新的产品标准、面对双方巨大的文化差异、顶住外方不信任带来的巨大压力、对国外地质情况的不熟悉和前所未有的高标准，这些对于中铁装备来说都是第一次。

MGJV为保障质量，派出了专家团队前往中铁装备总部，对各个生产环节进行进度和质量的监督。其间，双方因理念差异，爆发了激烈的碰撞。但中铁装备人表现出了开放融合的精神，遇事即主动找对方沟通，极力寻找利益共同点。经过深入交流，中铁装备以自身强大的研发力和生产能力克服了种种困难，用强大的实力和开放的态度，最终说服了国外的专家团队，全面满足了当地标准和国际标准。

2013年1月3日，中铁50号盾构机正式下线。下线仪式上，在众多媒体和来宾的见证下，双方领导共同启动了下线水晶球。中铁装备向MGJV公司承诺，绝对不会辜负支持和信任，会全力以赴组织好优势资源，优质高效地做好现场组装调试、试掘进和后期服务等工作，确保工程顺利推进。

2013年10月中铁50号始发，目标2014年1月24日到达中央车站（1050环处）并过站二次始发，该目标的顺利完成对吉隆坡地铁的第一个节点起着至关重要的作用。中铁50号经历了进仓检查、进仓换刀、停机换油、高压停电等影响施工的必经程序。经过中铁装备技服人员和中铁港航局的共同努力，制定了各种预案，超前部署，提前研讨和制定盾构机出洞、过站等各种技术方案和安全措施，谋划各种物资配件进场、各种装备设施的预订和加工，超前维护好盾构机和各种配套设备，做好机械日常维保，计划落实好现场劳力组织和工序衔接、轮班转换等工作，确保盾构机顺利掘进。

在掘进过程中，TBM 遇到了一块长 20 米至 30 米的孤石，其硬度接近 300 兆帕。这个孤石的硬度大大超过了地质报告中提到的砂岩、泥岩不到 80 兆帕的硬度。"中铁号"以其可靠的性能成功通过了这突如其来的考验。施工中，中铁 50 号保持了日均掘进 8 环的马来西亚业界较高生产水平，且连续 7 天掘进环数超过 10 环，创马来西亚地铁盾构机施工新纪录。

2014 年 4 月，中铁 51 号也顺利在马来西亚地铁第二区间始发。在以泥岩、碎砾石、肯尼山残积层为主，地下水丰富的复杂地质下，中铁 51 号先后经历了两次始发、两次接收、一次过站的考验，完成了 1834 环管片拼装，约 2.6 千米的掘进任务。其中，在第一区间以最高月推进 347.2 米，日推进 21 米的骄人成绩，再次创造了马来西亚盾构机施工纪录。第二区间完成了小曲线半径掘进，先后穿越具有百年历史的吉隆坡中央火车站、巴生河、铁路桥、轻轨线等重要建筑物，并将最大累计沉降量控制在 3 毫米内。

2014 年 10 月，马来西亚吉隆坡地铁顺利贯通。贯通当天，马来西亚 MRT 项目领导充分肯定了参建单位取得的成绩。驻马大使黄惠康说："这条隧道的成功在马来西亚是具有里程碑意义的，打开了马来西亚市场，鼓励着中国高水平的建筑和装备走向世界。"

马来西亚的成功，向世界展示和证明了中铁装备的实力，引来了世界各国施工承包商的关注。中国盾构机正如一颗熠熠发光的新星在冉冉升起。

披荆斩棘，不断走向海外高地

马来西亚的成功，让中铁装备充满了信心，除了继续提高自己的产品技术水平，同时也准备进一步开拓海外的市场。

国内在修建西康铁路秦岭隧道时，中铁隧道工程局当时花高价引进一台德国的知名品牌维尔特掘进机，这是中国隧道工程第一次使用这种大型进口设备。

2013年11月，中铁装备竟然成功收购了德国维尔特硬岩掘进机及竖井钻机知识产权、品牌使用权和相关业务。这次收购使中铁装备一跃成为世界上能独立生产硬岩掘进机（TBM），并具有自主知识产权的三大企业之一，从此改写了我国不能自主生产硬岩掘进机的历史。也从这时起，中铁装备在海外有了自己的优势。

德国维尔特公司是享誉国际的隧道、矿山机械制造企业，拥有世界最先进的硬岩掘进机、竖井钻机制造技术和领先品牌。因为多种原因，维尔特决定出让自己的知识产权和品牌。当时有三家企业参与收购，1家国外企业、2家国内企业。在三家企业中，中铁装备出价并不是最高的。

但令人意想不到的是，维尔特总裁不按常理出牌，并没有选择价高者，而是选择了中铁装备。

"不是谁出钱高，我就要卖给谁，而是要选谁能最终传承维尔特的品牌。"这就是维尔特总裁的考量标准。负责此次谈判的张志国回忆道："在他心里，中铁装备至少有三个让他信赖之处，有品牌价值，有实干精神，能兑现承诺。"

当中铁装备收购德国维尔特硬岩掘进机及竖井钻机知识产权和品牌使用权时，他们还是有些不太相信，但又有些兴奋和激动。这次成功的海外收购案，让中铁装备人更看清楚了自己的价值，但也知道自己肩上的担子更重了。

收购维尔特后，中铁装备进一步完善了产业发展链条，也增强了国际市场竞争力。

随后，中铁装备就在德国成立分公司，吸纳了包括维尔特总裁在内的大批核心技术人员，还派遣中方工程师与德方相互学习融合，实现了本土化运营。为更好地对维尔特设计理念和技术进行消化和吸收，2014年，中铁装备专门进行了维尔特 TBM 专业培训。一方面"走出去"，组织研发人员去维尔特公司现场学习，内容涉及 TBM 造型、TBM 整机系统设计、刀盘刀具、主驱动设计等系统设计及加工制造、质量控制、售后服务等体系；另一方面"请进来"，邀请维尔特 TBM 专家到郑州讲学，内容涉及刀具材料、热处理、加工工艺、刀盘系统设计等技术。

之后几年，中铁装备将品牌优势与技术、市场、服务优势相结合，不断创造经典品质。

中铁装备收购德国维尔特的过程是曲折的。他们吃过闭门羹，也遭遇过不解。

2010年，在第29届德国慕尼黑国际工程机械展上，有一位教授并不看好中铁装备。

当时情况是这样的，中铁装备参加第29届德国慕尼黑国际工程机械展。在一个展台上，他们看到了一个盾构机导向系统。导向系统是盾构机的主要装置之一，而此展台上的导向系统表现成熟，技术先进，并已在其他盾构机上安装使用。中铁装备工程师与展台人员进行交谈后得知，这个导向系统是德国一所大学4位教授的科研成果，与以往的导向系统相比，它在性能上有了极大提升。他们当时就提出：可否以合资或者购买股权的形式进行合作？这一请求当即遭到展台上一位教授的拒绝，他说："中国盾构机技术并不完善，且不具备发展潜力，我断言十年以内不会和中国人合作。"

然而，仅仅过了三年，中铁装备生产的盾构机不仅在国内取得较好成绩，而且迈出国门，在马来西亚打响了"第一枪"；还成功收购了国际知名品牌——德国维尔特硬岩掘进机及竖井钻机知识产权和品牌使用权。

2014年年初，中铁装备接到德国的一个电话，打电话的人正是那位教授，教授希望就自己的导向系统与中铁装备开展合作。中铁装备"不计前嫌"，前往德国，与导向系统的研制单位进行会谈，磋商合作事宜。

"中铁装备、装备中国、装备世界"，是中铁装备的发展目标，也是中铁装备的责任所在。为了这个目标，也为了这份责任，尽管前路荆棘，但是中铁装备人不畏艰难，努力不懈，用自己的勤奋和汗水，创造了一个又一个奇迹。

"三借"方略，"拳击组合"震惊世界

在马来西亚和德国先后取得成功后，中铁装备决策层适时提出了逐步实现"中铁装备，三个装备，即装备中铁、装备中国、装备世界"的目标。让中国自主研发生产的盾构机走出国门、走向世界，一直是中铁装备人心中的愿望和理想。

第一步棋　借船出海

2008年中铁1号盾构机在河南新乡成功下线，从此中国有了自主生产的盾构机。从那时起，中铁装备就做好了长远的打算——立足国内放眼海外，提出了不仅要"装备中铁"，还要"装备中国"，更要"装备世界"的宏大目标。

2010年起，公司便着手组建专门的国际业务职能部门，规划国际业务蓝图、进行初步布局和渠道建设，等待时机的到来。当时，公司规划，先从东南亚地区的项目起步，逐步向海外突破，于是就有了后来马来西亚的首秀，以及在德国的收购。

最初踏出国门之时，争取海外订单的中铁装备，在当时的产业环境下并没有得到很高的认可，国际客户对中国盾构机品牌普遍不信任，对中国生产高端复杂设备的技术水平和能力表示质疑。当时国际市场的竞争对手是拥有上百年制造经验的老牌企业德国海瑞克、美国罗宾斯、日本的小松等。中国品牌尚未获得国际业主的认可，几乎没有业主愿意为中国品牌提供机会。

中铁装备经过努力终于与马来西亚矿业与金务大联营公司签署了两台 CTE6630 型盾构机销售合同。马来西亚的地铁项目是中铁装备借船出海的第一单。

中铁装备巧用资源、借船出海，通过借助母公司中国中铁海外施工的优势，与项目承包商一起走出去。

2013 年 3 月 9 日，中铁装备正式成立香港 CTE 公司，建立国际化人才团队，全面负责中铁装备产品的海外推广工作。

第二步棋　借道拓展

接下来，中铁装备又采取借道拓展的方式，积极走向海外。他们进行机构渠道建设，跟进东南亚和亚洲其他地区项目。

经过中铁装备团队和代理商的持续努力，2014 年 10 月 31 日，中铁装备中标新加坡陆路交通局新加坡地铁汤申线 T209 项目，获得 2 台泥水盾构机订单。这是中铁装备泥水盾构机首次出口海外。

此后，中铁装备持续巩固加强新加坡市场，于 2015 年成立新加坡分公司，新加坡技术服务中心正式运营，负责向客户提供全天候的服务和保障。

　　以马来西亚、新加坡等为突破口，中铁装备成功树立了国际品牌形象，并成功进入以色列和中东其他多国。

　　中东国家以色列是"一带一路"沿线的交通枢纽，特拉维夫是以色列第二大城市，是以色列经济文化之都。以色列特拉维夫轻轨系统由 7 条线路组成，全长 176 千米。轻轨红线是特拉维夫轻轨系统的首条线路，从策划到落地实施历经几十年，以色列举国关注。

　　红线项目有两个工程包，每个包都涉及车站施工和盾构机隧道施工，项目投资和工程量非常巨大，无法单靠某一施工企业完成盾构机隧道施工投标。中铁装备作为盾构机供应商，决定采用设备带动工程方式，与中铁隧道集团和以色列当地最大承包商 Solel Boneh 组成的承包商联营体共同前往以色列特拉维夫进行地铁市场开拓活动，参与竞标。中铁装备负责盾构机针对性设计、技术和商务报价方案的准备。2015年 5 月 20 日，"中铁隧道集团 +Solel Boneh"联营体收到以色列业主授标函，并从中铁装备订购全新的专门量身定做的6 台土压平衡盾构机用于该项目的施工。

　　"施工 + 设备"联动经营合作模式，成为中铁装备和施工企业进行海外项目合作的典范。值得一提的是，在轻轨施工完成后期的筹备运营阶段，得知以色列政府苦于没有轻轨系统的运营和管理经验，中铁装备特别将国内经验丰富的广州地铁运营公司介绍给以色列政府。

　　马来西亚、新加坡和以色列高端市场的成功经营、成功履约，为中铁装备赢得了良好的企业信誉。公司高端客户群体逐渐从国内基建承包商，拓展到韩国、日本、意大利等发达国家客户。公司接连中标黎巴嫩 3.5 米 TBM（2015 年 8 月）、老挝 4.0 米敞开式硬岩 TBM（2017 年 12 月 29 日）、阿联酋 11.05 米土压平衡盾构机（2018 年 1 月 11 日签订合同）等项目。黎巴嫩项目是公司开展借道拓展策略的典范。

2015 年，公司成功研制的世界最小直径（3.5 米）硬岩掘进机，被世界知名建筑承包商意大利 CMC 公司采购应用于黎巴嫩大贝鲁特供水项目施工。这是中国自主品牌的硬岩掘进机首次被欧美知名承包商家采用，中铁装备开始和欧洲承包商合作。

2018 年，中铁装备中标意大利米兰高速铁路项目 CEPAV 项目，最终实现与欧洲本地承包商在本地市场的合作，正式进入欧洲。

第三步棋　扎根海外

在海外开展项目，公司需要满足各个市场不同的技术标准和当地各种特殊的要求，前期开发成本极高，对公司的适应性、人才和技术管理能力都有很高的要求。因此，一旦与海外企业建立业务关系，就需要有稳定的经营策略。对此，中铁装备给出的答案是扎根海外，属地化经营。

随着项目的落地，中铁装备在海外逐步实现了由项目服务团队到注册公司的转变，设立了区域性海外公司。

2014 年 6 月 11 日，中铁装备正式注册成立德国全资子公司，开始实践属地化经营。

2015 年 6 月，中铁装备在新加坡成立分公司，更直接地满足新加坡市场对盾构机及售后服务的迫切需求。

2018 年 3 月 2 日，黎巴嫩大贝鲁特引水隧道贯通。

2015 年年底，中铁装备开始和澳大利亚公司合作。海外经营人员也实现了属地化管理，培育属地经营团队，加速了国际经营人才的成长。

在全球经济一体化背景下，打造"高端装备中国制造"品牌，响应"一带一路"倡议，是推动中铁装备快速走向世界的务实之策。

中铁装备国际业务经过 10 余年发展，主打产品隧道掘进机已进入亚洲、欧洲、美洲、大洋洲以及中东、北非等 30 多个国家和地区，海外订单台数超 100 台，是我国出口海外掘进机数量最多的企业。

第七章

工业革命的升级

一个振奋人心的日子

2014 年 5 月 10 日，是一个振奋人心的日子。

这一天，中铁装备的研发团队永远难忘！

这一天，中国中铁股份有限公司倍感自豪！

习近平总书记考察中铁装备，作出了"三个转变"重要指示精神。半个小时的时间说来不长，却让中铁装备人铭记在心。

5 月 10 日，星期六，中铁装备的盾构机组装车间，约有 100 名工人在加班工作。上午 10 时 46 分，习近平总书记一行来到这里，看展板，听介绍，进车间，详细询问有关情况。

习近平总书记通过模型了解盾构机整体构造和工作原理，然后登上一座 85 米长的盾构机装配平台，察看了装配情况。习近平总书记向现场科技人员和职工问好，对他们攻克科研难题、突破盾构机系统集成技术壁垒的自主创新精神给予肯定。

习近平总书记指出，装备制造业是一个国家制造业的脊梁，目前我国装备制造业还有许多短板，要加大投入、加强研发、加快发展，努力占领世界制高点、掌控技术话语权，使我国成为现代装备制造业大国。一个地方、一个企业，要突破发展瓶颈、解决深层次矛盾和问题，根本出路在于创新，关键要靠科技力量。要加快构建以企业为主体、市场为导向、产学研相结合的技术创新体系，加强创新人才队伍建设，搭建创新服务平台，推动科技和经济紧密结合，努力实现优势领域、共性技术、关键技术的重大突破，推动中国制造向中国创造转变、中国速度向中国质量转变、中国产品向中国品牌转变。

习近平总书记与员工面对面交流，让中铁装备人无比激动。

习近平总书记关心员工的工作与生活，让中铁装备人倍感亲切。

习近平总书记的重要讲话，让中铁装备人信心倍增。

习近平总书记话音刚落，在场员工们不由自主报以热烈掌声。

习近平总书记离开车间时，热情的员工们簇拥着争相向总书记问好，并欢迎总书记下次再来。习近平总书记也向大家频频挥手致意。

员工们一直目送总书记上车，长时间报以热烈掌声。

掌声表达的是所有中铁装备人对习近平总书记的爱戴，是感受到总书记关怀和鼓舞后的莫大喜悦。

习近平总书记考察中铁装备，并作出"三个转变"重要指示精神，让全中铁装备人都沸腾起来。"5·10"之后，全公司上上下下以各种形式迅速掀起学习热潮。

在公司中层以上干部大会上，董事长李建斌谈了自己的感受："总书记肯定了中铁装备人几年来的贡献，肯定了重大装备制造业的作用和地位，促使我们思想更加进步，视野更加开阔，用转变换发展。总书记的讲话提出了重大装备制造业是国家战略的需求，打造好装备制造业才能打造好国家的脊梁，强调了国家综合实力的核心是技术创新。解决矛盾的根本出路是创新，关键靠技术，办法是企业为主体，产学研相结合，目标是实现三个转变。总书记的这次考察，让我们中铁装备对未来的发展更充满信心，充满斗志，方向更明确、动力更强大。我们必须实现产品质量的全面提升，让每一位客户的采购都源自对我们产品和人品的尊重。"

时任总经理谭顺辉说："今后的工作，要加强企业管理上台阶、上水平，在技术、人才和生产方面要以创新为核心理念，牢记总书记的肯定、鼓励和鞭策，认清形势，踏实前行。"

全国人大代表、时任中铁装备总工程师王杜娟撰文写道："作为一名中铁装备人，我自豪，我骄傲。作为中铁装备总工程师，我感到自己肩上的担子很重，怎样才能把中铁装备的事业做得更好，怎样才能让重大装备的民族品牌在世界叫响，怎样才能将中国制造变为中国创造，我感到压力很大。如何由技术管理创新给大家创造一个好的环境，让大家有激情有精力做到持续的技术创新，是我们需要不断思索的问题。"

当天，她作为科技创新代表向习近平总书记汇报了盾构机的原理和应用情况。第二次汇报是 2019 年 3 月 8 日，习近平总书记参加十三届全国人大二次会议河南代表团审议时，王杜娟以"推动先进装备制造业走出去"为题向习近平总书记汇报。在王杜娟发言过程中，习近平总书记仔细询问了关于盾构机世界第一品牌以及我们的差距、关键"卡脖子"技术和技能人才培养等方面的问题。2019年国庆节当天，王杜娟和其他代表乘坐"春潮滚滚"彩车，参加庆祝中华人民共和国成立70周年群众游行路过天安门广场时，向习近平总书记挥手致敬。

"这三次经历，更加激励我不忘初心使命、认真履职尽责、积极建言献策，一定要展现新时代代表风采，交出一份令人民满意的答卷。"王杜娟激动地说。

习近平总书记的考察对企业来说是一次千载难逢的机遇，中铁装备人非常珍惜这个荣誉和机遇，更明白肩上担负的责任和使命，他们将激情和热情转化为创新发展的动力，努力实现"三个转变"，勇于承担起岗位责任、企业责任和社会责任，为振兴民族工业、推动装备制造业，早日实现中国梦想贡献力量。

2014年11月9日，习近平总书记在APEC工商领导人峰会上又指出："我们要不断发掘经济增长新动力。生活从不眷顾因循守旧、满足现状者，而将更多机遇留给勇于和善于改革创新的人们。在新一轮全球增长面前，惟改革者进，惟创新者强，惟改革创新者胜。我们要拿出敢为天下先的勇气，锐意改革，激励创新，积极探索适合自身发展需要的新道路新模式，不断寻求新增长点和驱动力。"

习近平总书记在多个重要场合屡屡提及"创新"一词，给中铁装备以新的启示、新的方向。

　　追求创新，让创新成为企业发展的主题。创新意味着锐意进取，意味着敢于突破条条框框的限制，在企业发展创业期、发展期，趋于成熟期时，要敢于啃硬骨头、敢于打攻坚战；要通过技术创新解决新产品研发面临的技术难题，解决关键领域和共性技术面临的难题；要通过资源集聚、平台建设等模式创新，推动"产学研用"的高度融合，解决制约企业发展前行的难题；要加快完善鼓励创新、包容创新的文化环境；要营造鼓励探索、宽容失败和尊重人才、尊重创造的氛围，使创新成为一种价值导向、一种生活方式，为人才提供更加广阔的天地。

　　渴求变革，让变革成为产业繁荣的东风。装备制造业是国家制造产业的脊梁，作为新兴高端装备制造业的代表，掘进机产业的发展迫切需要实现产品设计的模块化、产品制造的精细化、产品应用的多元化和产品服务的数字化。变革蕴含着突破和进步，产业的繁荣程度越高，企业的发展越好，员工的价值越高。中铁装备将以科技创新为先导，立志成为产业变革的引领者和产业繁荣的贡献者。

　　中铁装备用五年时间实现了"三年占市场，五年创品牌"的目标，离不开中铁装备始终将创新作为立企之本、建企之基、兴企之源，离不开中国中铁的支持，更离不开国家政府的扶持。

　　正是创新，让中国掘进机事业实现了从无到有、从有到优。中铁装备实践上的每一次创造，技术上的每一个突破，事业上的每一点进步，无不闪耀着创新的光芒。

　　正是创新，让中铁装备实现了从引进吸收到自主创新的跨越，完成了行业"追赶者"到"领跑者"的角色转变。

中铁装备深知，在未来的发展征程中，要想走得更远、飞得更高，必须贯彻落实习近平总书记"三个转变"重要指示精神，坚定不移地走创新发展之路。

捷报频传

"上天有神舟，入地有盾构。"近年来，中铁工业及旗下各个公司深入践行"三个转变"重要指示精神，捷报频传，成为中国高端装备制造业的亮丽名片。

2014 年，中铁装备首创的矩形盾构应用于新加坡地铁项目，成为国产异形掘进机走向海外的首个成功案例。

2015 年，中铁装备研制出具有自主知识产权的硬岩掘进机，推动我国在这一领域进入世界第一方阵。

2016 年，中铁装备成功研制出 3.5 米世界最小直径硬岩

2018 年 2 月 1 日，"彩云号"在大瑞铁路高黎贡山隧道正式开始掘进。

掘进机，并出口意大利，应用于黎巴嫩大贝鲁特供水项目。

2017年，中铁装备自主研发的超大直径泥水平衡盾构机中铁297号成功下穿北京机场快轨，实现了最大沉降不到1毫米，宣告我国精度最高的隧道盾构机施工圆满成功。

2017年8月1日，由中铁装备自主研制的中国最大直径敞开式岩石隧道掘进机（TBM）"彩云号"成功下线，应用于亚洲第一铁路长隧——大瑞铁路高黎贡山隧道。设备开挖直径达到9.03米，整机长度约为230米，整机重量约1900吨，一举填补了国内9米以上大直径硬岩掘进机的空白，改写了中国铁路长大隧道项目的机械化施工长期受制于人的历史。

2018年1月，中铁装备自主设计制造的世界首台大断面马蹄形盾构机安全顺利贯通长达3056米的蒙华铁路白城隧道，标志着我国大断面马蹄形盾构机整机技术已达到世界领先水平。这也是国内铁路山岭软土隧道领域首次采用"异形盾构法"施工，为今后同类型地质条件隧道建设提供了生动范例，在我国铁路隧道施工技术与装备发展史上具有里程碑意义。同月，中铁装备自主设计制造的中铁188号硬岩掘进机顺利贯通吉林引松供水长大隧道工程，实现了一系列国内敞开式岩石隧道掘进机（TBM）施工史上的重大突破。

2018年2月，中铁装备自主设计制造中铁314号直接式泥水平衡盾构机破壁而出，顺利完成迄今为止南宁地铁项目里程最长、埋深最大的隧道掘进任务，标志着我国已全面掌握直接式泥水平衡盾构机核心制造技术。同月，中铁装备制造的小直径联络通道专用盾构机在宁波轨道交通 3 号线建设中成功应用，18 天即完成长度 17.04 米联络通道的施工掘进，实现了地铁 6 米级区间狭小空间联络通道全机械化施工的重大技术突破。6 月，中铁装备自主研制的双护盾 TBM 中铁 382 号顺利通过世界最小转弯半径——260 米转弯半径区间，一举打破双护盾 TBM 最小转弯半径世界纪录。

2019 年 6 月，中铁装备联合黄河勘测规划设计研究院有限公司设计制造的国内首台高压水力耦合破岩 TBM 在郑州发布，为推动第四代半掘进机技术创新迈出了重要一步。

2020 年 9 月，中铁 1000 号盾构机下线，设备用于广东珠江三角洲水资源配置工程。它的成功下线标志着我国盾构机技术正在从量的积累迈向质的飞越、从点的突破迈向系统能力的提升。

2021 年 6 月，世界首台大直径超小转弯 TBM "抚宁号" 下线。该设备是目前世界大直径 TBM 中转弯半径最小且纵坡最大的设备，用于抚宁抽水蓄能电站项目；同月，国产首台高原高寒大直径硬岩掘进机 "雪域先锋号" 下线，也是世界首台双结构硬岩掘进机，设备用于高原高寒铁路建设。

2022 年 8 月，中铁装备联合研制的国产首台大倾角（39 度向上）斜井 TBM "永宁号"（中铁 1158 号）在郑州顺利验收。设备将应用于河南省装机容量最大的抽水蓄能电站——国网新源河南洛宁抽水蓄能电站引水斜井工程，填补了我国大倾角斜井施工建设领域的技术空白，也为推动抽水蓄能电站工程建设模式转型升级注入新动力。

......

中铁装备向世人亮出了一张又一张漂亮的成绩单。

知名品牌是企业走向世界的通行证。过去一个多世纪，国家竞争力的演变很大程度上是企业品牌阵营的此消彼长。当前，品牌代表着供需结构的升级方向，打造知名品牌已经成为世界各国经济竞争的制高点，成为主导全球产业链的重要力量。

习近平总书记作出"三个转变"的重要指示精神为推动我国产业结构转型升级、打造中国品牌指明了方向、目标和任务，具有重大而深远的意义。

2016年6月，国务院印发了《关于发挥品牌引领作用推动供需结构升级的意见》（国办发〔2016〕44号），提出设立"中国品牌日"，凝聚品牌发展社会共识，营造品牌发展良好氛围，搭建品牌发展交流平台，提高自主品牌影响力和认知度。2017年4月24日，国务院批准将每年5月10日设立为"中国品牌日"。"中国品牌日"的设立，彰显了国家对品牌意识的高度重视和建设品牌强国的坚定决心，对促进中国自主品牌的建设和提升具有重大意义。

中铁装备集团始终牢记习近平总书记嘱托，以只争朝夕的奋斗姿态，努力建功新时代，切实把"三个转变"重要指示精神转化为建设世界一流企业、打造世界一流品牌的生动实践。截至2022年底，中铁装备隧道掘进机（盾构机/TBM）产销量连续六年世界第一，掘进机订单总数突破1500台，各类产品应用于国内40余个城市，产品遍布国内各地远销世界30多个国家和地区。

中铁装备将继续以过硬的技术、产品和服务，打造具有中国特色和国际竞争力的世界一流品牌。

在中国制造迈向中国创造的激越洪流中，中铁装备是融入大江大河的一朵浪花。自 2001 年开始，中铁装备凭借对盾构机施工的深刻理解，于 2008 年成功研制出我国首台复合式土压平衡盾构机，并在天津试用的过程中获得巨大成功。

从中铁 1 号到中铁 1000 号盾构机下线，历经十余年的发展，中铁装备精准定位、突破创新，每年至少推出一个新产品，先后研制了一大批具有开创意义的"世界之最"盾构机，掌握了盾构机技术话语权。世界最大断面硬岩掘进机面世、国内首批双护盾 TBM 出生、世界最小直径硬岩 TBM 呱呱坠地、世界首台马蹄形盾构机下线……近年来，中铁装备还攻克了刀盘、液压控制系统、6 米级盾构机主轴承、减速机等关键核心技术，实现了从盾构机行业"追赶者"到"领军者"的快速升级，产销量连续 6 年居世界第一，隧道掘进里程超过 4000 千米。

如今，国产"钢铁穿山甲"的"朋友圈"越来越大，中铁号盾构机已遍布中华大地，"中国造"盾构机已出口全球 30 多个国家和地区，为世界轨道交通建设提供了中国方案、中国智慧。

为积极抢占世界掘进机技术制高点，中铁装备构建了以客户为中心的"政产学研用"高效高质协同创新机制，建设了基础研究五大平台，不断突破掘进机前沿技术，实现核心技术自主可控，先后获得了国家科技进步一等奖、二等奖、中国质量奖、中国专利金奖等国家级重大奖项。

在与国际巨头短兵相接的竞争中，中铁装备发现，用户不仅需要设备，更需要贴心服务。凭借对盾构技术的把握和对地质情况的研判，中铁装备专家团队突出产品个性化定制，推出"管家式服务"，为客户提供包括安装、始发掘进、接收和拆机过站等全方位技术支持，让客户买进设备的同时也能得到全方位服务。

"好盾构机自己会说话。"

2008年第一台产品正式下线；2010年，已占据国内三分之一的市场。公司与国际顶尖品牌全面对标。结合工程实际和客户需求持续创新，不断超越，实现企业品牌持续增值。

为进一步抢占海外市场，中铁装备加快培育自主品牌克瑞格（CREG），在海外实现"克瑞格"和"维尔特"双品牌运营。良好的品牌形象，成为中铁装备海外发展的强大动力。这几年，中铁装备盾构机产品远销马来西亚、新加坡、黎巴嫩、以色列、印度、伊朗等"一带一路"沿线多个国家。

历经沧桑而初心不改，饱经风霜而本色依旧，在中华民族伟大复兴的征途上，中铁装备将继续扛起"三个转变"的使命担当，笃定决战决胜之志，铆足敢闯敢拼之劲，狠下苦干实干之功，慎终如初、不负韶华，奋进路上再向前，书写了新时代国有企业改革发展的新篇章。

中铁装备创造了中国工程机械制造的奇迹。

是什么铸就了中铁装备的成功？中铁装备成功的密码究竟是什么？

在中铁装备人的心中，"主动求变、倾力创造"早已成为大家共同的信仰与追求。

创造力是中铁装备成功的关键，那么，这种创造力能否被学习和复制呢？事实上，中铁装备的发展历程，已经为我们揭示了其非凡"创造力"背后的逻辑——求变、敢变、能变。

在研发首台复合式盾构机之时，中铁装备已经在想如何打开市场，实现盾构机产业化；在成功突破国内市场，产销量一路高歌猛进之时，中铁装备想到的却是如何进入国际市场，将中国盾构机推向国际舞台；在其产品和服务获得客户高度认可、一度赶超国外优势品牌之时，中铁装备想到的却是如何持续创新改进，引领市场需求。

中铁装备在不断给自己出难题、不断向着更高目标发起冲击。中铁装备每一次成功突破，从来都不是在"万事俱备""水到渠成"的条件下实现的，而恰恰都是在困难险阻中逆流而上的。

创业初期，在面临巨大的技术劣势时，中铁装备坚决地走自主创新道路。没有一手资料，自己跋山涉水、深入一线搜集；缺乏创新人才，高层领导礼贤下士、亲赴高校选拔招募；科研能力不足，依托科研计划，产学研合作攻关。在面临品牌劣势、客户质疑、市场发展举步维艰之时，中铁装备主要领导亲自带队，紧扣客户需求，寻找突破口，反复推介、主动服务，以真诚打动客户，最终以优质的服务和产品获得客户认可。

中铁装备在逆境中，不向困难屈服，不走寻常路，一路披荆斩棘，踏出了一条属于自己的成功之路。

在中铁装备打破现状、不断挑战的"求变"背后，我们不难发现，有一种源源不竭的内驱力推动着他们向前走。这种深藏在中铁装备人心中的"内驱力"，正是源于他们坚定的报国理想和力求发展的决心。中铁装备人怀揣着铸造中国盾构机品牌、实现中国隧道现代化的远大理想，肩负着发展中国盾构机产业的历史使命，在创新发展的道路上勇往直前。

中铁装备"敢变"的精神，主要体现于其务实求真的科学态度和敢闯敢试的工作作风。作为一家以技术创新为核心的高科技企业，中铁装备拥有工程师文化基因，作为中铁装备老一辈工程师的代表，前总工程师张宁川就在访谈中表示："中铁装备的科研技术人员有着刨根问底的钻研精神和不盲从、不满足的批判精神，这是我们最大的特点，也是我们创新的根本保障。"

早在引进和学习盾构机技术、研发首台盾构机之时，中铁装备人就一边学习吸收一边探索实验，不满足于对国外技术的照搬照抄，不盲从国外的技术权威，坚持需求导向，坚持实践出真知，并最终形成了原理研究、实验检测、实践验证的技术创新模式，以及"只有经过实验室和现场实践验证的才是科学"的技术创新理念。

工作作风方面，中铁装备年轻化的人才队伍充分体现出勇于挑战、敢闯敢拼的特点。在市场突破的过程中，从成都到深圳再到马来西亚，每一次都是迎难而上、挑战高难度项目。

在中铁装备"敢变"精神形成的过程中，信任和包容起到了至关重要的作用。中铁装备大胆起用年轻人，并敢于将年轻人放在一些关键岗位。在中铁装备的管理层看来，只要一个人敢拼搏、肯付出，那就应给予他无条件信任，即便在探索、尝试和创新的过程中出现了错误，只要不是故意为之，都应理解和包容。正是这份信任和包容给了中铁装备人以无限的勇气和动力，也成为中铁装备"敢变"精神形成的重要"催化剂"。

在"能变"的核心竞争力打造上，中铁装备围绕产品、市场、研发和品质四个方面，打造了独特的创造力支撑体系。

第一，中铁装备借助其对客户需求的深度理解和对中国地质情况的深度掌握这两大优势，明确了高地质适应性和技术服务对客户的重要性，对产品进行了精准定位，为产品研发指明了方向，也为市场开拓找到了突破点。第二，中铁装备在市场开拓紧迫性和资源能力局限性双重压力下，创造性地选择聚焦发展技术创新优势，在营销、生产等多个环节与社会优势资源合作发展轻资产"商业模式"，为快速形成营销和生产能力，实现高质量发展提供了有力支撑。第三，在技术创新和产品研发方面，中铁装备坚持以需求为导向，运用 IPD 体系在售前、售中、售后进行全方位客户需求信息搜集，并建立以客户需求为出发点的技术创新和产品研发体系，对技术和产品实施持续优化和创新。同时，借助"863""973"等国家科研计划，与高校及科研机构开展深度产学研合作，借力理论研究和技术攻关，为技术创新提供强力的技术资源和效率保障。中铁装备切实打造了以需求为导向的持续创新体系，为实现高效率的精准

全球首台马蹄形盾构机应用于浩吉铁路项目。

研发、打造产品和技术优势提供了重要支撑。第四，中铁装备深知产品品质是企业的生命。在残酷激烈的市场竞争中，中铁装备基于大品质管理思想，建立了全员、全流程、全价值链的"三全"品质管控体系，为持续保障高品质、打造品牌形象、创建品牌价值提供了重要保障。

践行"三个转变"重要指示精神，
实现再跨越

中国中铁为了深入贯彻党中央、国务院深化国企改革战略，践行习近平总书记"三个转变"重要指示精神，推动产业聚集和转型升级，便整合旗下中铁山桥、中铁宝桥、中铁科工和中铁装备，通过与中铁二局资产置换，成立了一家新的集团——中铁高新工业股份有限公司。

2015 年，中国中铁启动了"宏盛项目"，拉开了中国中铁工业制造板块重组的序幕。旗下工业制造板块的中铁山桥、中铁宝桥、中铁科工、中铁装备四家工业企业，与原中铁二局股份有限公司进行了资产置换，重组整合为中铁高新工业股份有限公司。2016 年 4 月，取得了国务院国资委对重组的批准，2016 年 9 月，取得了中国证监会的核准批文，2017 年 1 月，完成了本次重组的交割与换届，2017 年 3 月，完成了企业更名和 60 亿元配套资金的发行工作。中铁工业以崭新的面貌登上了资本市场，并以新的面貌向世界展示了中国制造的水准和实力。2017 年 3 月 2 日，在上交所举行了更名仪式，公司证券简称由"中铁二局"变更为"中铁工业"，主营业务从传统的建筑工程施工、房地产开发和物资销售转变为高端装备制造业务。

上市以来，中铁工业服务国家重大战略、提升资源配置效率、提高发展质量效益，坚持面向全球市场、聚焦国计民生，内强管理、外拓市场，经济指标实现跨越式增长，企业改革不断做深做实，公司治理始终规范高效，资本市场作用充分发挥，投资者权益保护切实加强，谱写了上市公司高质量发展的华彩篇章。

经营业绩持续增长

中铁工业积极抢抓机遇，勇于攻坚克难，不仅圆满兑现了三年的业绩承诺，而且历年主要经营指标连创历史新高，向资本市场交出了一份满意的答卷。公司新签合同额从重组上市前 2016 年的 202.46 亿元增至 2022 年的 514.36 亿元，增幅达 154.06%；营业收入从重组上市前 2016 年的 136.49 亿元增长到 2022 年的 288.17 亿元，增幅达 111.13%；归属于上市公司股东净利润从重组上市前 2016 年的 9.94 亿元攀升至 2022 年的 18.67 亿元，增幅达 87.83%，公司内在价值持续快速提升。

龙头地位持续稳固

上市以来，中铁工业不断提高产品和服务品质，扎实推进区域经营、立体经营、高端经营，积极拓展国内市场，产品广泛应用于城市轨道交通、抽水蓄能、调水工程、矿山能源、铁路公路市政等建设领域；深耕海外市场，产品出口遍及全球六大洲包括欧美日韩等发达国家在内的 78 个国家和地区；超前布局新制式轨道交通、环保科技等新业务，围绕主业产业链延伸开发相关市场，拓宽企业发展路子；截至目前，中铁工业盾构机、钢桥梁、铁路道岔、架桥机四项主营产品全部被国家工信部认定为"制造业单项冠军"，市场占有率持续保持行业领先，行业龙头地位持续稳固。

公司治理持续完善

中铁工业严格落实监管要求，搭建并持续完善中国特色现代公司治理架构和制度体系，有力支撑公司稳健发展；积极推进集团化管控，明确两级企业功能定位，理顺管理链条；扎实推进国企改革三年行动，三项制度改革深入推进，董事会建设规范有力，董事会职权有效落实，经理层任期制与契约化管理稳步实施，旗下中铁装备入选"科改示范企业"标杆（全国仅有 21 家），有效激发了发展活力；依法合规开展信息披露，连续获上交所年度信息披露最高评级 A 级，树立了专业、严谨、规范的资本市场形象；加强投资者关系管理，消除信息不对称，促进企业与投资者相互信赖、共进共赢；公司股票被纳入包括深交易所核心指数、中证指数在内的 310 余个指数，成为资本市场特别是所在行业的重要标志性股票；良好的公司治理赢得了监管机构、行业协会、中介机构、财经媒体的充分肯定，多年来，先后荣获"最佳董事会""中国百强上市公司企业奖"等资本市场重量级奖项 40 余项，在资本市场的影响力和美誉度大幅提升。

主动承担社会责任

中铁工业积极承担社会责任，服务国家重大战略。中铁工业全面融入国家重大工程布局，积极投身工程建设，参建港珠澳大桥、京张高铁、深中通道等重大工程；主动投身脱贫攻坚战，不断巩固脱贫攻坚成果，在陕西省扶风县、湖南省桂东县留下中铁工业的扶贫足迹；全力支援战"疫"，"才下火神山，又上雷神山"，把铁军精神书写在荆楚大地；积极落实环保要求，加大环保投入，加强环境监测，坚决达标排放，大力发展绿色环保产业，积极融入"双碳"战略，积极减少碳排放，研制的抽水蓄能 TBM 规模化应用于绿色基础设施建设。

面向未来，中铁工业将在党的坚强领导下，坚持以习近平新时代中国特色社会主义思想为指导，奋力建设成为产品卓越、品牌卓著、创新领先、治理现代的世界一流企业。

各显神通，同台竞技

从洋务运动时期的山海关桥梁厂，到新中国工业体系形成期的铁道部宝鸡桥梁厂，再到我国装备制造业创新发展期间的中铁科工、中铁装备，一步一个脚印，一点一滴奋进，从民族工业的星星之火，到现代化的上市企业，并最终在世界的工业舞台上闪耀着璀璨的光芒。

重组上市的中铁高新工业股份有限公司，有着什么样历史渊源？它旗下的公司主要生产哪些产品？在世界的舞台上又有着怎样的地位呢？

作为专业从事隧道掘进设备研发制造和综合服务的科技创新型企业，公司已经形成了完整的掘进机产业体系和产品门类，开发了土压、泥水、硬岩等不同适应性的全系列盾构/硬岩掘进机（TBM）产品，以及以凿岩台车、悬臂掘进机、混凝土湿喷台车等为代表的隧道机械化专用设备产品，能够为客户提供多样化、成套化、智能化的装备及全方位的综合服务。

作为国内交通工程装备领域的核心企业，中铁工业主营产品涵盖铁路道岔、桥梁钢结构、盾构机、TBM、中低速磁悬浮和跨座式单轨列车等新型城市轨道交通产品，形成了集科研设计、制造安装、工程施工、科技检测与维保服务于一体的完整产业链，构建了遍布全国、辐射世界的生产基地网络，拥有健全的科研创新平台和多层次、多学科的专家团队，制造能力和技术水平一直处于行业领先地位，长期为铁路、公路、市政、水利、城市轨道交通等领域提供优质的产品与服务，为国家和世界交通基础设施建设做出了一定贡献。

公司研制的普速道岔、高速道岔和重载道岔国内市场占有率超 60%，先后为京沪铁路、哈大客专、京石客专、兰渝铁路等客专项目和高铁项目提供了高质量、高技术含量的道岔产品，参与了我国历次铁路大提速，是中国道岔技术创新的"领跑者"；成功攻克中低速、高速磁浮道岔关键技术，时速 600 千米磁浮道岔完成现场架设，为我国铁路运输事业的发展做出了贡献。

中铁工业是我国钢桥梁制造安装的龙头企业。早在 1894 年，中铁山桥就在"中国铁路之父"工程师詹天佑的带领下，修筑了我国第一座铁路钢桥——京奉铁路滦河大桥，开创了中国自主建造钢结构桥梁的历史。公司已经制造钢桥梁 5000 余座，先后参与兴建以武汉长江大桥、南京长江大桥、港珠澳大桥、孟加拉国帕德玛大桥等为代表的一大批超长、超大桥梁，创造了 70 次跨越长江、40 次跨越黄河、33 次跨越海湾的骄人业绩，国内市场占有率超 60%。公司年均生产钢桥梁及钢结构产品达到 150 万吨以上，开创了我国大型钢桥梁工厂化、自动化、信息化生产制造的先河，大跨度重型桥梁钢结构制造自动化、工厂化成套技术等达到世界领先水平，是我国由"桥梁大国"成功迈向"桥梁强国"的推动者。

中铁工业是我国铁路施工架、运、搬、提、铺设备的领军企业。公司研发的铁路铺轨机、架桥机完成了全国铁路90%以上轨排铺设和箱梁架设施工，自主研制的1800吨级运架设备、无砟轨道制造、铺设成套设备等关键设备，达到国际领先水平，为国内客运专线和高速铁路工程的顺利完成提供了强大的设备保障。

在新型轨道交通领域，中铁工业已完成跨座式单轨、磁悬浮、悬挂式单轨、低地板有轨电车等车辆的综合研发，动静态试验取得重大突破；在地下空间开发领域，公司依托掘进机设备和创新工法优势，培育了以 CC 工法为代表的"独门绝技"，对地下停车场、地下综合管廊、地下快速路等的开发具有开拓性意义；在环保领域，公司研发出"快速处理隧道施工污水成套技术装备"等新技术和新装备，掌握 30 余项核心技术，成功中标多个项目，环保产业布局成效初步显现。

据不完全统计，集团先后荣获了国家科技进步奖 7 项，其中国家科技进步特等奖 1 项、一等奖 2 项，共承担国家级、省部级科技项目 46 项，支持和参与制定国家及行业标准、工法 101 项，承担地方级、公司级以上重大、重点项目 155 项，获得授权专利 480 项。1 人被认定为国家"973"项目首席科学家，1 人被评为全国最美科技工作者，11 人获省部级优秀专家、15 人享受国务院政府特殊津贴。中铁工业所取得的成绩是全体员工共同努力的结果，必将载入中国制造的光荣史册。

钢架桥梁，架通世界

重组的中铁工业旗下主要有四家公司，中铁山桥、中铁宝桥、中铁科工、中铁装备，这些公司都有着悠久的历史和不平凡的过去。

翻开岁月的篇章，一个又一个主角，渐渐登上历史的舞台。除了中铁号盾构机，中铁工业旗下别的工业产品，同样光彩夺目。

我们来看一看另外一个享誉世界的"大块头"吧，在世界的舞台上，它同样占据着重要的位置。

毛泽东曾经在《水调歌头·游泳》中写道："一桥飞架南北，天堑变通途。更立西江石壁，截断巫山云雨，高峡出平湖。"形象表达了现代化桥梁工程对社会发展的作用。

1892 年，清朝政府在全国范围内遴选 300 名青年技工，在滦县开工修建滦河大桥。1894 年，滦河大桥建成通车，北洋官铁路局上书朝廷："此三百技工得之不易，如遣散实为可惜。"当时，北洋官铁路局给出建议，或以此三百技工为班底，在山海关建立造桥厂。清政府采纳了这个建议，拨白银 48 万两，将 300 名技工并入 1893 年北洋官铁路局兴办的锻制铁路工务用品为主的山海关工厂，合并开办了中国第一个造桥厂——山海关造桥厂。这是中铁山桥的前身。

当时，在"中国铁路之父""中国近代工程之父"詹天佑的率领下，山海关造桥厂开始了中国第一条铁路——京张铁路的建设。这条铁路全长约 200 公里，1905 年 9 月 4 日开工，1909 年建成，历时不满四年，全部由中国人自己设计、投资、营运，途经居庸关、八达岭，层峦叠嶂，石峭弯多，桥梁 2333 多米，工程艰巨不可言喻。山海关造桥厂承担了全部京张铁路沿线上的 121 座钢桥的制造任务。

据资料记载，山海关造桥厂自 1898 年生产出中国第一孔铁路钢桥，又于 1912 年生产出中国第一组铁路道岔，被誉为中国"钢桥的摇篮，道岔的故乡"，自此山海关造桥厂产业工人队伍走向成熟，与洋务运动时期成立的江南制造总局、福州船政局、开平矿务局、汉阳铁厂等一起，开启了中国民族工业的先河。

百年后，中铁工业回到京张城际铁路，制造官厅水库特大桥。官厅水库特大桥是新建京张铁路重要的控制性工程，全长 9077.89 米，属特大型桥梁，主桥采用 8 跨 110 米变高度简支钢桁梁跨越官厅水库。京张城际铁路是 2022 年冬奥会重要的交通基础设施，也是京津冀城际铁路网的重要组成部分，建成后将成为世界上第一条设计时速 350 千米有砟轨道高速铁路，也是穿越高寒、大风沙地区的高速铁路。

港珠澳大桥是我国继三峡工程、青藏铁路之后，又一项重大的基础设施建设项目，被海外媒体称为"现代世界七大奇迹"之一。同时，也是中国建设史上里程最长（全长 55 公里）、投资最多（总投资超 1200 亿元）、施工难度最大的跨海桥梁。建造难度之大决定了只有实力最雄厚的队伍才有机会角逐这项宏伟的工程。

2012年，中铁山桥在同行业率先引入焊接机器人，应用在超级工程港珠澳大桥钢箱梁制造中。港珠澳大桥设计使用寿命120年，采用钢箱梁结构形式。为了提高钢箱梁板单元的制造质量，延长桥梁的使用寿命，中铁山桥通过对钢箱梁板单元自动化制造与焊接技术的深入研究，工艺上形成了一套以自动化、信息化、智能化为主要手段的板单元制造专业技术，完全颠覆了传统以人工为主的生产模式，此项创新荣获河北省科学技术进步一等奖。

港珠澳大桥主体工程共分六个标段，其中CB01、CB02、CB05三个标段为钢箱梁制造项目，重达42万吨。中铁山桥承建其中最大的一个标段——CB01标段，总重量超过18万吨。他们所承建的港珠澳大桥青州航道桥为双塔双索面钢箱梁斜拉桥，大跨度达458米，主塔高度达163米，是港珠澳大桥跨度最大、主塔高度最高的通航孔桥。美丽的"中国结"镶嵌在两个索塔之间，实现了功能与景观的完美统一，是港珠澳大桥上最为醒目的标志，是港珠澳大桥的点睛之笔。在港珠澳大桥建设中，中铁宝桥（原铁道部宝鸡桥梁厂）也是重要力量，承担了大桥CB05-G2标的全部钢结构制造任务，包括九洲航道桥、4联23孔浅水区非通航孔桥、钢塔等，全长2648米，钢结构总工程量40000余吨。其中，两座"风帆形"钢塔，由竖直的塔柱和弯曲的曲臂组成，每座钢塔设计高度101米，约为30层楼高，重2300吨，被称为"地标中的地标"，同时也是"难点中的难点"。

钢塔是斜拉桥最主要的受力结构，其寿命直接影响大桥的使用寿命。为了制造出 120 年使用寿命的钢塔，同时降低海上施焊工作量，中铁宝桥采取了将钢塔在工厂整体制造完毕后，整体大节段吊装的工法进行安装。其间，公司经过大量的技术攻关，研发出了国内首创的钢塔整体大节段制造技术，将桥面以上的钢塔在厂内连接制作成整体大节段，总长67.9 米，宽 4.12 米，高 18.35 米，总重约 1000 吨，堪称我国钢塔整体大节段中的"巨无霸"。2014 年，这两座整体钢塔运往了珠海，之后顺利完成了桥位吊装。经过港珠澳大桥管理局委托驻厂监理及第三方检测公司对焊缝进行了无损检测，中铁宝桥生产的钢塔 100% 达到港珠澳大桥的技术标准，被誉为："我国桥梁钢塔加工生产技术的新里程碑！"

港珠澳大桥修成之后，所带来的影响力更是空前的。在香港回归 20 周年和港珠澳大桥即将实现全面贯通的重要时点上，创新性地以国际视角关注港珠澳大桥的建设经过，通过国际化视角、国际化表述，客观解读大桥"连通世界"的深远意义以及"中国制造"的发展对世界的影响，由著名导演李凯、张亦载、闫东执导的纪录片《港珠澳大桥》，于 2019年 5 月 1 日在中国大陆上映。影片讲述港珠澳大桥自 2009 年开工建设以来，中国桥梁建设者们自力更生、艰苦卓绝的奋斗故事。

纪录片《港珠澳大桥》的创意策划从 2015 年 12 月开始，2016 年 8 月由中宣部立项，随后邀请探索频道参与，组建国际合作团队，同年 12 月完成拍摄脚本。2017 年 2 月正式开机拍摄，拍摄地点囊括中国国内 10 余个城市，以及美国、荷兰、文莱、孟加拉国等多个国家和地区，在同名电视纪录片的基础上，对大量原始 4K 拍摄素材深入加工、二度创作，历时 4 年摄制完成。这部纪录片的拍摄完成，从艺术的角度肯定了这项工程建设的伟大成就，对于钢架桥在建筑领域所带来的革新，也有着非同一般的影响和意义。

在云南宣威与贵州水城交界处，中铁工业建造的北盘江大桥横跨云贵两省，全长 1341.4 米，桥面到谷底垂直高度565 米，约 200 层楼高，是目前世界上已建成的跨径最大、垂直高度最高的钢桁架梁斜拉桥，被称为世界第一高桥。英国 BBC 旅游频道发布《难以想象的中国工程》的视频，记者惊叹："在这座桥下放一座美国帝国大厦还有富余，钢索和大桥的其他部分一样是史诗级别的。如果把这座斜拉桥的钢丝连在一起，甚至比北京到纽约的距离还要远。"

在湖南湘西，中铁山桥建造的矮寨特大悬索桥，创新性地采用了轨索滑移法架设加劲梁新工艺，成功解决了峡谷悬索桥加劲梁架设难题，实现了高效、经济、安全的施工目标，被国际道路联合会评为施工工艺全球道路成就奖。正式建成通车后，从长沙开车到重庆的时空距离大大缩短，全程只需要 8 小时，比坐火车至少节约 8 小时。2013 年 11 月 3 日，习近平总书记考察矮寨大桥后说："谁说外国的月亮比中国的圆，矮寨大桥就是中国的圆月亮。"

历时 4 年多建设的大桥，让天堑变通途，国家高速公路网 8 条西部公路大通道之一的长渝高速就此全线贯通。

在海外，中铁山桥也在继续书写着属于它的传奇。2013年，中铁山桥中标美国韦拉扎诺海峡大桥上层路面更换工程，这是公司继阿拉斯加大桥之后，在美中标的第二个桥梁工程。韦拉扎诺海峡大桥位于美国纽约市，横跨著名的韦拉扎诺海峡，是纽约城市交通重要一环。该桥建于1964年，是当时世界上最长的悬索桥，经多年运行，原桥面已无法满足现行车流量重负，美国方面决定将原桥面拆除更换，全部工程量为1.5万吨桥梁板单元等制造工程。这已经不仅仅是个钢结构制造项目，更是代表了中国制造和中国质量水平的项目。

中铁山桥人用四年的时间兑现了当初的承诺。该桥U肋与桥面板焊接采用单道平位对称焊接方法，熔深不低于80%，不允许有焊漏现象发生，难度非常大。为克服单道对称焊接、熔深不低于80%这一世界性难题，技术人员经过大量摸索试验，4年间共制造桥面板单元（A、B、C、D、E、F、G类型）134个梁段共938块板单元，总重15000吨，保质保量地完成了5个批次的产品制造，得到了美国业主的充分肯定。

中铁山桥在钢架桥设计、研发、生产方面所取得的成绩，令世界为之瞩目。

中铁工业承建的港珠澳大桥"中国结"。

道岔技术，世界的开创者与引领者

1912 年，山海关桥梁厂（中铁山桥前身）研制了我国第一组铁路道岔，并于 1963 年设计制造了 62 型道岔，结束了中国使用外国道岔的历史。

1966 年，为了加快铁路工业的发展，铁道部在陕西宝鸡建成宝鸡桥梁厂（中铁宝桥前身）。之后，中铁宝桥和中铁山桥密切合作，共同开启我国铁路道岔的自主创新发展之路。

进入 21 世纪以来，它们在强化企业自主创新的同时，坚持走引进、消化、吸收、再创新和产学研结合之路。

1995 年，制造出中国第一组提速道岔。

2000 年，制造中国第一组高速铁路道岔。

2006 年 4 月，研制出国内首组拥有自主知识产权的 250 千米 / 小时客运专线 60 千克 / 米钢轨 18 号单开无砟道岔，打破了西方发达国家在这一领域的技术垄断。

2007 年 11 月，研制出通过速度达到 350 千米 / 小时的国内首组高速道岔。

2010 年，率先研制推出国内首组重载铁路专用道岔。

2011 年，世界第二、中国第一的时速 350 千米专线 60

千克／米钢轨 62 号高速道研制成功。

2015 年，研制国内首组减振道岔，同时，参建了国内第一个跨座式单轨交通系统——重庆跨座式单轨交通营运线。

2016 年 8 月 10 日，自主研发的现代有轨电车 60R2-6 号三开道岔成功下线，并顺利通过来自国内 23 家研究院、高校、企业组成的专家组的审查验收。这是一种现代有轨电车道岔中结构最复杂、加工难度最大的道岔，几乎是涵盖此类产品所有的核心技术，不仅填补了我国在这一领域的空白，也彻底打破了国外厂家对此类产品的技术垄断。

2021 年 5 月，公司研制的雅万高铁时速 350 千米客运专线道岔成功发运，标志着中国高速道岔制造技术首次实现系统集成化出口，推动了中国铁路道岔标准走向世界。

2017 年 9 月 20 日，中铁宝桥参建的我国第二条中低速磁浮运营线——北京 S1 线正式试运营，公司承担了线路核心部分 26 组磁浮道岔的生产制造、安装调试任务。

自 20 世纪 90 年代以来，中铁工业已先后参与了包括上海高速磁浮示范线、长沙中低速磁浮快线、唐山磁浮试验线、长沙磁浮试验线等在内的国内所有磁浮交通工程建设，先后研制出高速磁浮道岔、中低速磁浮道岔、磁浮轨道梁、定子铁、F 轨等，打破了德国、日本等发达国家在这一领域的技术垄断。

据国内相关专家介绍，中铁工业研制开发的系列磁浮道岔，实现了道岔结构形式创新，完美避开了车辆共振频率，确保车辆能平稳通过；采用新型的角平分装置，确保了磁力线均衡，从而保证车辆平稳；采用了新型的锁定装置，在确保道岔稳固定位的同时，道岔抑振能力大大增强；新型的驱动装置，使结构更加简化，故障点大大降低，提高了道岔可靠性，可实现磁悬浮列车通过道岔时"硬币不倒"。

中国铁路道岔制造的明星企业——中铁宝桥，更是明星中的明星。中铁宝桥，是国内专业生产钢桥梁、钢结构、铁路道岔、高锰钢辙叉、城市轨道交通设备、门式起重机等产品的大型国有企业，是"中国100家最大交通运输设备制造业企业"之一，跻身于"中国机械行业500强"之列。公司被铁道部确立为"铁道器材研究发展基地"，被陕西省科委认定为"高新技术企业"。公司占地面积100多万平方米，拥有大型数控加工设备、三维激光跟踪系统、等离子切割机、闪光对焊机、大型弧焊中心、高能射线检测中心等国际一流的生产、技术装备2600余台，总资产近30亿元人民币。

从1966年建企发展到今天，中铁宝桥始终坚持"以人为本、科学管理、励志创新、追求卓越"的发展指导方针和"用户唯大、市场唯先"的经营理念，在全国同行业中率先通过ISO9000质量管理体系认证，ISO14000环境管理体系认证和OHSAS18001职业安全卫生管理体系认证，被国家工商总局授予全国首批"重合同守信用"企业。公司先后荣获"全国环境优美工厂""全国环境保护先进单位""全国思想政治工作优秀企业""全国精神文明建设工作先进单位""全国模范职工之家""中国企业最佳形象AAA级""全国先进基层党组织"等殊荣。

公司长期承担国家重点工程项目建设和国家新产品的研究开发任务，不断创新管理模式，提升科技研发水平，使公司的产品市场占有率逐年扩大，主项产品的技术含量、工艺装备达到了国际先进水平，并先后获得国家优质工程金奖、国家科技进步一等奖、建筑工程鲁班奖、国家级新产品奖等60余项荣誉。

2005年，公司被中央文明委命名为全国首批"全国文明单位"称号。2006年，再次被中共中央授予"全国先进基层党组织"称号。2020年，公司再次通过中央文明委复审，实现了全国文明单位六连冠。

"中铁宝桥"品牌受到社会和市场的广泛赞誉和认可。公司参与制造的汉江桥、南京长江二桥获得了新中国成立以来我国桥梁界仅有的两块"国家优质工程金质奖"，建造的南京长江三桥钢塔，获得被誉为国际桥梁建造"奥斯卡奖"的"古斯塔夫斯·林德恩斯"奖，生产的国内首组时速250千米客运专线道岔和引进法国技术研制生产的时速350千米客运专线道岔是国内目前技术含量最高的道岔产品，正广泛应用于全国各大铁路专线的铺设中。有42项生产技术及工艺获得国家专利授权证书，公司实现了连续40多年盈利的良好经营业绩，在同行业中具有较强的履约能力和优良的产品信誉。

2021年4月13日，中铁宝桥港珠澳大桥项目部港珠澳大桥桥梁工程CB05-G2标入选2021年全国工人先锋号拟表彰集体公示。4月27日，中华全国总工会授予其"全国工人先锋号"。2021年12月，以年营业收入651194万元位列"2021陕西100强企业"榜单第64位；入选"2012—2021连续十年入围陕西100强企业"名单。2022年1月28日，国家发展改革委等部门关于印发2021年（第28批）新认定及全部国家企业技术中心名单的通知显示：该企业技术中心具有国家企业技术中心资格。2022 年 2 月，国家发展改革委印发《国家企业技术中心 2021 年评价结果的通知》，中铁宝桥以 91.1 分排名第 57 位，位列陕西省第一名。

公司年生产钢梁钢结构 50 万吨、铁路道岔 10000 组、Ⅱ代高锰钢辙叉 20000 根，起重机械 50 台。产品广泛应用于铁路、公路、水电、石化、煤炭、冶金、建筑等行业系统和工矿企业，部分产品远销北美、欧洲、南亚等国家和地区，得到用户的广泛赞誉和信赖。

"道岔是一种使机车车辆从一股道转入另一股道的线路连接设备，通常在车站、编组站大量铺设。作为铁路核心关键设备，列车速度越高，对道岔产品的质量要求就越严苛。"中铁宝桥南京公司副总工程师闫宇青，指着眼前一套 56 米跨度的龙门架介绍，这套双龙门数控铣床系统前几年上马时是亚洲跨度最长的装备。

通过与高校、科研机构加强产学研合作，公司连克技术难关，在行业创下多个"第一"：第一条钢轨自动化涂装生产线，第一条垫板自动化生产线，第一条自动化合金钢热处理生产线，第一条钢轨跟端热段成型自动化生产系统，第一台 500 吨双向顶弯机，第一套钢轨数控加工自动化检测系统，第一套钢轨自动化探伤设备，等等，均在业内处于行业领先水平。

这全仰仗信息化投入带来的生产效率提升。比如，去年新上的全自动送料系统，直接节省了一半人工，工人操作难度、劳动强度都大大降低。公司围绕"中国制造向中国创造转变、中国速度向中国质量转变、中国产品向中国品牌转变"目标，持续开展技术创新和工艺装备升级，参与完成的"复杂环境下高速铁路无缝线路关键技术及应用"项目获得国家科技进步奖一等奖，研发的时速350千米客运专线道岔获得江苏省"专精特新"产品及省高新技术产品认定。

中铁宝桥南京基地的成长壮大，离不开南京的重点支持和专业服务。落户南京经开区以来，公司在选址落户、投产经营、人才引进、创新创效等方面无不享受到园区的贴心服务。

刚落户时，园区自己出资完成地块高压线迁移，帮助公司铁路专用线建设。在技术创新方面，园区总是第一时间兑现配套奖补政策，尤其是新冠疫情发生之后，多次给予企业发展奖励、用人招人全面达产等政策扶持，拿出真金白银帮助企业轻装上阵，加快达产达效。

扎根南京经开区，依托南京科教名城资源，中铁宝桥业绩增长迅猛。南京公司2021年实现营收7.63亿元，是2011年的12倍，已成为国内研发、制造铁路道岔、城市轨道交通产品的重点骨干企业，被认定为国家高新技术企业、国家级专精特新"小巨人"企业、两化融合示范企业。

公司道岔产品获评南京市名牌产品，服务于京沪、京广、宁杭等八纵八横高铁线路，地铁道岔产品应用于北上深等38个城市，在长三角地区，城市轨道交通道岔市场占有率超60%，是客户有口皆碑的"王牌"产品。公司响应"一带一路"倡议，在海外开疆拓土，产品远销亚非30多个国家和地区，处于国内出口道岔产品领先地位。

2022 年 5 月 10 日，中铁宝桥自主研制的新一代合金钢辙叉产品——Ⅲ代合金钢辙叉在陕西宝鸡正式发布。该产品突破多项技术难题，实现整体性能提升，标志着我国合金钢辙叉自主研制迈出关键一步。据了解，Ⅲ代合金钢辙叉作为我国自主研制的新一代合金钢辙叉产品，具有强度高、耐磨性好、抗接触疲劳性能强等特点，关键技术处于行业领先地位，是目前市场上理想的辙叉用钢材料。产品被应用于道岔尖轨、合金钢组合辙叉等易磨损部分，显著提高道岔通过总量，较传统道岔寿命提高 50% 以上，养护维修成本降低 50%以上。能满足国铁、地铁、重载、市域、海外铁路等不同工况使用，对铁路高质量发展具有推动作用。Ⅲ代合金钢组合辙叉分为焊接式翼轨加强型合金钢组合辙叉和镶嵌翼轨式合金钢组合辙叉。在关键技术方面，产品具有自主知识产权的合金钢材料成分体系，运用了国内先进的制坯技术、合金钢

中铁工业研发的世界首组时速 600 千米高速磁悬浮道岔。

材料热处理技术、合金钢辙叉关键件自动化制造技术，开发了具有自主知识产权的恒温冷却设备及工艺，并采用统型优化结构实现产品各项性能显著提升。

百年来，中铁工业研发了我国所有类型的铁路道岔，成功推动了我国铁路的每一次大提速。

核心人才的培养

　　百年来，中铁工业沉淀下来的是"精益求精"的工匠精神，以及"自强不息百折不挠"的企业文化基因。

　　曲岩，中铁山桥的一名高级电焊工，除此他还有一个身份——第四届中央企业青年联合会副主席，这是中央企业青年联合会首次由一名工人担任这个职务。

　　初识曲岩，你会被他很多的荣誉所震动：中央企业杰出青年岗位能手、河北青年五四奖章获得者、河北省职工劳动模范、全国劳动模范等。在制造德国多瑙河铁路桥的时候，曲岩通过调整焊枪的角度、焊丝的摆动及电流电压的匹配，成功完成了欧洲最高标准要求的焊接工作。2012 年 4 月成立以"全国劳动模范"曲岩同志命名的工作室以来，曲岩带领着十几名技术骨干集思广益搞创新，共同攻克了许多技术难关。在制造世界著名海峡大桥美国韦拉扎诺海峡大桥过程中，研究相关焊接工艺，优选焊接工艺参数，保证内部质量一次探伤合格率 100%，填补了世界级钢桥制造领域的空白……

　　中铁宝桥的全国劳模、国务院政府特殊津贴获得者、电焊高级技师王汝运，是我国产业工人队伍中的一名"大国工匠"。参加工作近 30 年来，只有初中文化程度的他，立足平凡岗位，不断学习实践，苦干实干创新干，完成了从"学徒工"到"高级技师"的嬗变，实现了从"普通工人"到"全国劳模"的飞跃。几十年来，他先后在全国、省市、总公司职业技能大赛上多次勇夺佳绩，参建了总吨位超过 50 万吨、累计 50 万延长米的十几项国家和地方重点工程，包括全国第一座采用整体节点焊接结构的钢箱梁京九孙口黄河大桥、有"中国第一塔"之称的南京三桥钢塔等，共有 8 项工程捧回了"全国优秀焊接工程奖"。其中，芜湖长江大桥荣获"全国十大科技成就"金奖，南京长江二桥荣获"2004 年国家优质工程奖"，南京长江三桥荣获"古斯塔夫斯·林德恩斯"国际桥梁大奖。

李刚是中铁装备电气高级技师。2016 年国庆节期间，他成功登上央视《大国工匠》荧屏，为全国观众表演了一手蒙眼接线的绝活，被誉为国内最顶尖的盾构机电气操盘手。接线盒在盾构机上是"神经中枢"，整台盾构机电路系统拥有 4 万多根电缆电线、4100 个元器件、1000 多个开关，形成一个巨大的神经网络，直接决定着盾构机的行动能力。李刚从事的这项工作要求精细、精准、精微、精妙，时刻挑战着人类操作的极限。2002 年我国计划自主研发盾构机，李刚成为首批参与到盾构机模拟实验平台的 863 计划中的成员之一，2008 年，我国第一台复合式土压平衡盾构机下线，李刚就负责被誉为盾构机神经与血液的电气系统。如今经他手打造的盾构机系统已经超过 700 台，其中包括世界最大的矩形盾构机、世界最小直径的硬岩掘进机、世界首创的马蹄形盾构机、国内最大的泥水平衡盾构机。李刚注重创新突破，由他研制的盾构机核心部件液位传感器打破了国外企业的百年垄断，性能跃居世界第一；他的创新实践也为企业增添亮色，先后两次荣获中国质量奖提名奖、中国好设计金奖、质量标杆企业示范奖等，他个人也荣获了2015年度中华全国铁路总工会"火车头奖章"。

从王尽美到王中美——红色基因传承企业精神。

走进上海中共一大会址纪念馆，党的一大代表浮雕头像栩栩如生地展现在眼前。在13名一大代表中，有一个人与中铁工业密切相关，他开启了中铁工业革命斗争的历史，也为这个百年企业第一次注入了先进的红色基因，他就是中国共产党创始人之一，党的一大、二大代表王尽美。

1922年8月下旬的一天，一位24岁青年，来到山海关铁工厂（中铁山桥前身）当了一名学徒工。他就是中国共产党创始人之一、时任中国劳动组合书记部北方分部副主任的王尽美。此时刚刚参加完在上海召开的中国共产党第二次全国代表大会，受李大钊同志的派遣，特地前来组织和领导京奉铁路工人大罢工。他创办了"山海关京奉铁路工友俱乐部"，成立了秦皇岛地区的第一个秘密党小组。他白天参加劳动，和工人打成一片；晚上在工友俱乐部开办的工人夜校宣讲革命道理，通俗地解释马克思列宁主义，介绍俄国十月革命后工人当家作主的情况。他通过大量的事实和耐心细致的工作，使工人们的觉悟有了很大提高。

1922年10月，在王尽美的领导下，山海关铁工厂举行了声势浩大的罢工，声讨厂方和封建把头的重重压迫和剥削，要求增加工资和改善福利待遇。10月9日，王尽美与工友俱乐部成员一起采取了更为坚决和果断的行动——卧轨拦车，把罢工推向了高潮。10月12日，京奉铁路局被迫答应了工人的要求，坚持了9天的罢工取得了全面胜利，树起了北方铁路干线工运胜利的旗帜，在中国工运史上留下了厚重的一笔。1923年2月下旬，王尽美被党组织调回北京，但王尽美播下的革命火种却在企业中代代相传。

1925年春节前夕，王尽美因疲劳过度吐血晕倒，住进医院治疗。时值国民会议促成会和工人运动蓬勃开展之际，他心急如焚，毅然出院，抱病赴青岛投入战斗，广泛联系群众，到处开会演讲。病危期间，他请青岛党组织负责人笔录了他的遗嘱："全体同志要好好工作，为无产阶级和全人类的解放和共产主义的彻底实现而奋斗到底。"

回望中国共产党苦难辉煌的100多年征程，无数像王尽美一样的仁人志士、先锋模范为祖国、为人民、为实现共产主义的伟大理想付出青春、热血甚至宝贵生命。

在中铁工业100多年的企业史上，也涌现出了一大批优秀的共产党员，他们如星河灿烂，照亮了从民族救亡运动到社会主义建设初期，从改革开放初期到中国特色社会主义新时代等各个历史时期企业的前进之路。党的一大代表王尽美，工运领袖杨宝昆，把全身交给党的老英雄赵连仲，为集体牺牲生命的烈士蒋绍明，中铁工业孕育培养出的一个个优秀共产党员将个人命运与国家前途、企业发展紧密结合，汇聚交融，谱写出了无比壮丽的诗篇。他们中有些人不惜牺牲个人的一切，为民族解放和振兴，为国家独立与富强奋斗终生，有些人全心全意为人民服务，在平凡岗位上做出了极不平凡的成绩。他们的身上集中体现了勇于牺牲、甘于奉献、坚忍不拔的意志和品格，他们是中铁工业人心中永恒的丰碑。

从党的一大到十九大，从1921年到2017年，时隔96年，在王尽美之后，中铁工业又有了第二个出席中国共产党全国代表大会的党代表，她就是王中美。王中美说："每当想到我们建桥工人焊接的钢梁变成祖国的大桥，我就找到了人生的价值！"

2007年盛夏，王中美带队驰援宁波庆丰大桥。她在箱体内连续作业，出舱后直接昏厥倒地，凭着一股拼劲，她圆满完成一项又一项急难险重任务。作为一名普通工人，她业务精湛，技艺超群；作为一名党员，她在工作中敢于担当，不怕牺牲，把一身绝技毫无保留地教授给年轻人，她对得起胸前的党徽，是一名真正的大国工匠。

第八章

从先锋到高峰，前方是星辰大海

中国制造业的现状及未来

展望未来，我国制造业生产单月增速有望逐渐上升。不过，制造业企业产能面临利用率走低，投资增速面临内生下行压力。

2020 年以来，我国增加值规模最大的制造业行业依次是，非金属矿物 (9.5%)、化学原料制品 (7.5%)、计算机、通信和其他电子设备制造业 (6.8%)、黑色加工（6.4%）、汽车制造（6.0%）、金属制品（5.2%）、通用设备（5.1%）、农副加工（5.1%）、电气机械（5.0%），而其余 21 个行业合计占制造业全部增加值的 43.4%。按大类板块看，原材料、中游制造和下游消费三个板块增加值体量相当，分别占 2020 年制造业增加值的 36.5%、28.9%、34.6%。

中国制造业生产的支撑与拖累行业。制造业是中国工业的主体，规模以上工业增加值的统计共分 41 个行业，我们聚焦于分属制造业的 30 个子行业，以规模以上企业增加值增速观察其相对变化。一方面，以子行业增加值增速高于制造业整体增速来衡量，2020 年至 2021 年我国制造业增加值受 8 个子行业拉动，其中 7 个行业属中游制造板块，另有下游的医药制造业。另一方面，对比前两年制造业各子行业增加值增速的中枢变化，中游制造板块多数子行业的增速中枢抬升，9 个子行业中有 6 个增速中枢抬升；而原材料和消费制造板块多数子行业的增速中枢出现下移，21 个子行业中只有化学原料制品、医药制造、汽车制造、木材加工、造纸及纸制品 5 个行业的增速中枢抬升。

综合前两年增加值增速中枢抬升、对制造业产生拉动效应的子行业，集中于中游制造板块，包括电气机械、计算机通信及其他电子设备制造、金属制品、专用设备、通用设备和废弃资源利用 6 个子行业。

2022 年以来，制造业所面临的供给冲击、需求收缩、预期转弱"三重压力"一度加剧，使得制造业生产增速放缓。相比 2020 年至 2021 年的复合增速，2022 年 1—7 月的制造业增加值增速下滑了 2.7% 至 3.9%。板块结构呈现以下特征：

（一）原材料板块增速整体下滑，仅有色金属加工行业增速提升了 0.7%；

（二）中游制造板块增加值增速虽有下滑，但以绝对水平看，仍是制造业中最强的板块，9 个子行业中有 6 个增速高于制造业整体；

（三）下游消费行业整体稳定，内部存在分化。前期偏强的医药制造业生产走弱，而汽车制造业生产强劲，7 月单月的增加值增速在制造业各子行业中位列第一。

制造业投资高位运行，是 2022 年前 7 个月国内需求的重要支撑点。1—7 月制造业投资累计同比增速为 9.9%，绝对水平仍处 2017 年以来较高位置，横向比较也是固定资产投资中表现最强的项目。分板块看，下游行业投资总体回暖，对制造业投资的贡献较 2021 年回升了 15.2% 至 26.2%，由拖累转为支撑；原材料投资走弱，对制造业投资的贡献较 2021 年下滑了 17.8% 至 21.9%；中游制造行业的投资延续了强势表现，对制造业投资总体的贡献较 2021 年提升了 2.6% 至 51.9%。

2021 年，我国制造业投资规模最大的行业依次是计算机、通信和其他电子设备制造业 (10.2%)、非金属矿物 (10.1%)、专用设备 (8.0%)、化学原料制品 (7.4%)、电气机械 (6.7%)、通用设备 (6.3%)、农副食品加工 (5.5%)、金属制品 (5.0%)，而汽车制造、医药制造、纺织等 20 个行业合计仅占 40.8%。按大类板块看，原材料、中游制造和下游消费分别占 2021 年制造业投资的 30.2%、43.9%、25.9%。由此看，制造业投资对于下游行业的依赖度不算高，中游尤其是装备制造相关行业的需求更为关键。

2021 年，我国制造业投资主要受中游制造和原材料相关行业拉动。以 2019 年为基准，对 2021 年我国制造业投资贡献较大的行业有：中游制造板块的计算机通信电子、专用设备、电气机械，三个行业合计贡献比例为 52.2%；原材料板块的黑色加工、非金属矿物和化学原料制品三个行业，合计比例为 30.5%；下游医药制造、农副食品加工业，合计贡献比例为 21.2%。对 2021 年制造业投资拖累最大的是汽车制造业的 9.2%，下游纺织服装、家具制造等 6 个子行业的合计拖累比例也高达 15.9%。

与制造业生产相联系，这两年制造业投资行业结构所呈现的逻辑有其内在的一致性：中游制造板块的生产偏强带动产业链投资增加，除医药制造外的下游消费行业生产偏弱拖累投资增速，原材料板块 2020 年到 2021 年的生产增速变慢，但产能扩张的步伐快于生产，对制造业投资的贡献率不低。

（一）建筑产业链相关行业对制造业投资的贡献率下滑。2022 年以来房地产投资较快下滑，而基建对原材料行业的拉动效果不及地产部门，且基建实物工作量的形成进度偏慢。2022 年非金属矿物、黑色加工、石油煤炭加工三个代表性行业对制造业投资的贡献率较 2021 年显著下滑，也与三个行业生产的弱势表现逻辑一致。

（二）出口产业链相关行业对制造业投资的贡献率整体提升，但内部有所分化。一方面，与出口关系密切的电气机械、仪器仪表、通用设备三个中游制造行业对制造业投资的贡献率达 24.4%，较 2021 年同期高出 13.7%；纺织服装、纺织业、文体娱乐用品制造三个下游消费行业对制造业投资的贡献率为 6.1%，而 2021 年同期对制造业投资造成 7.5% 的拖累。另一方面，部分子行业出口增速下滑，对投资的拖累已经显现。计算机、通信和其他电子设备制造业已受到全球消费电子产业需求低迷的拖累，医药制造行业的出口交货值增速下滑，对制造业投资的贡献率下滑。

（三）汽车制造业表现亮眼，部分必选消费行业的投资贡献率有所提升。2022 年汽车制造业投资的贡献率较 2021 年提升了不少，表现尤为亮眼。必选消费相关的酒饮茶制造、食品制造两个行业的投资贡献率较 2021 年也分别有所提升。不过，粮油肉禽价格上涨推升了农副产品加工业的成本，也使其投资热度下滑。

当前"互联网＋"信息技术不断普及，经济社会发展以及人民日常生活都受到信息技术无所不在的影响，经济发展模式与人们的生活习惯也因此发生了较大转变。特别是当前我国资源环境制约日益严重、经济发展阶段由"量"变向"质"变转变的内在要求下，制造业利用新一代信息技术"高科技、高渗透、泛受众"的特性，对制造业产业生产端、管理端、销售端的改进，优化资源配置效率，解放与发展潜在生产力，推动制造业高质量发展成为当前制造业产业发展的主要方向。

对于当前的中国制造业，著名学者万国华教授曾发文撰述，他分析了中国制造业目前所面临的问题及其主要表现，值得重视。

万国华教授认为，中国制造业取得了飞速发展：1978年，中国制造业的总产出占全球制造业的 1% 左右；2010 年，中国已经成为世界上最大的制造业大国，2019 年中国制造业的全球占比为 28.7%，遥遥领先第二名的美国（16.8%）。随着中国制造业进入新阶段，也面临着很多问题，这就需要通过科学技术的创新和管理手段的提升去解决。

中国制造业目前的问题主要表现在以下三个方面。

第一，成本急剧上升。比如 2001 年左右，劳动力的平均成本是 3 万元多一些。而到了 2020 年左右，已经涨到 8万—9 万元了。不光是劳动力价格在上升，土地价格、资源价格也在急剧上升，这些问题导致很多低端产业，正向国外迁移，比如向东南亚迁移。

第二，外部环境面临挑战。最突出的是，美国当下推行的"供应链局部化"，希望将中国排出全球供应链，这使得国内企业面临非常严峻的挑战。

第三，价值链攀升任重道远。我们希望国内制造业"升值"，从产业链角度来看，就要去做价值链攀升。价值增加最丰厚的区域集中在价值链的两端——研发和市场。没有研发能力就只能做代理或代工，赚一点辛苦钱；没有市场能力，再好的产品，产品周期过了，也就只能作废品处理。

制造业的发展离不开若干驱动因素。

第一个驱动因素，是可预期的政治、经济和开放贸易政策。而 OCED 的一项研究也表明，推行封闭的对外政策，对全球的供应链和国内市场及其供应链也是有伤害的。

第二个驱动因素，是研发、大型设备和培训等税务和金融政策。要创新，就需要更多的政策支持；要进行人才培养，也需要税务和金融的支持。

第三个驱动因素，是要推动新兴技术的应用，包括大数据、自动化和人工智能等。借此，使制造业从设计到生产、配送和销售发生一次革命。

第四个驱动因素，是在技术和能力资源方面，要能够支持小微企业的发展。提供高报酬的职位，培养更多高技能的人才是很重要的。

第五个驱动因素与政策有一定的关系，要做到商务过程的透明化，使腐败产生的损害降到最低。

第六个驱动因素，是提供必要的物理和数字基础设施的金融支持。过去的十几年，我们在这方面做得相当不错。比如互联网的发展、物流基础设施的发展，使得供应链比较容易整合。

未来中国制造的突破口在哪里呢？又有什么行之有效的办法？要在全球市场上获得一席之地，现阶段主要有三件事情去做。

第一件事情，叫作价值领先。也就是说，提供更有价值的产品，包括产品的功能、质量、工艺方面的创新。

第二件事情，叫作成本领先。提供同样的产品，但是更便宜。主要是通过流程和业务模式的创新，迅速地降低产品的成本。过去三十四年，中国企业在这一块做得相当成功。但是，如果只是成本竞争，可持续性就会有问题。所以，一方面我们要继续发扬成本领先的优势；另一方面，要将产品的价值做大做好。

第三件事情，是做一些细分的市场。即有一些市场，人们还没有发现的，你发现了；或是有些市场别人在做，但是做得不够好，而你可以做得更好。

中国制造业的具体突破点主要有以下几个。

第一，技术创新。技术创新要花很长的时间去积累，不能急，不太可能做到弯道超车。比如，高新材料是一个弱项，需要花很长的时间去解决；此外，工作母机、工业软件现在还比较落后的，甚至基本上没有在这方面投入太多的精力。其中工业软件主要包括以下几个方面：①工业控制软件，我们做得比较少；②产品设计软件，我们几乎没有做；③ ERP、MES 这些工业管理软件，我们做得都不算成功。我们通常讲的智能制造其实是三件事情：一是工业互联网，很多底层操作设备要通过物联网连接起来；二是使工厂做到自动化；三是数据的采集都能够通过传感器来实现。

第二，是供应链的管理。每一家企业通过工业互联网，形成大型供应链，从底层制造一直到高层决策，即所谓工业链管理。

第三，是全局性问题，即利用数据驱动整个制造流程，做好大数据分析和生产优化。

第四，是要培养独角兽企业。细分市场需要出现一些独角兽的企业。

另外，智能制造也十分重要。科技化、智能化、互联网时代的新革新，同样需要告别传统，重塑未来。比如，最底层的是智能产品，以及提供与智能产品相关的智能服务。第二层是生产流程方面要做智能车间、智能工厂，生产过程智能化。但现在一步到位，有一定困难。在互联网的助推下，将各个环节先互联起来，做好数据收集，之后对这些数据进行深入分析，利用数据的分析结果指导整个制造过程。第三层是拿到数据以后，把数据集成起来，做一些智能研发。第四层是智能决策，利用大数据来驱动生产和供应链管理，做智能决策。

那么，智能制造的技术基础是什么？其实就两件事情，第一要做工业互联，第二要做工业大数据。

每家企业究竟要做哪一层次的事情，只能根据自己的实际情况去决定。因为产业本身有自己的生态，每家企业都有自己独有的价值和地位。数字化转型本质上来讲，是运用工业互联网和工业大数据去做。那么，把整件事情拉开，我们从供应链的视角去看一看智能制造。

企业的运营有两个维度：一是通过订单驱动工艺生产和销售管理——横向的这一条，即所谓供应链。供应链从销售订单开始，到生产计划、采购与供应，生产与制造，到最后交付和售后，形成一条供应链上的所有主流活动。另一维度就是纵向的这一条，是研发管理，项目也好，产品也好，都要研发管理驱动。研发管理从项目承接到立项，到研发，到采购决策，到生产与制造的连接，最后到产品应用和迭代，也形成了链条。实际上，这两条链是交织在一起的。而我们要做的智能制造就是必须打通这两条链，让它们可以做得更好、更快，成本更低——背后都要利用到数据的采集、分析与决策。所以，从供应链的视角来看，智能制造就是为了把这两件事情做好。

智能化运营包括以下几个方面：

第一，数字渠道与营销，包括个性化需求的精准营销、数据安全和隐私保护、全渠道的建设。

第二，智能生产与制造，包括智能制造、产品的敏捷开发、智能供应链。

第三，智能管理与控制，包括通过数据构建更加敏捷的组织和智能决策、数据流和业务流的整合、智能的决策和管控。

接下来，是数字化创新。

第一是产品服务与创新。比如以前是物理的书籍，数字化以后，可以在网上订阅。

第二是定制化的产品和服务。以前，企业与顾客之间的关联不会那么紧密，现在因为大家都通过互联网互联互通，企业可以收集很多的结构化和非结构化的数据，可以去定制产品和服务。

第三是智能化的产品和服务。比如，以前，我们有很多物理的产品，这些产品不太智能，最典型的是手机。现在，我们有了智能手机，一个终端可以做很多的事情。

举一个例证：罗尔斯—罗伊斯，一家英国做航空发动机的公司。以前航空发动机做好以后，卖给飞机制造商，飞机制造商装配出一架飞机就卖掉了，未来发动机的维护、检测等工作就和罗尔斯—罗伊斯没有关系了。现在，通过数字化的手段，航空发动机上安装了非常多的传感器，传感器收集到很多数据，罗尔斯—罗伊斯就可以去监控整个发动机的运行过程，做到有效的、预防性的维护。发动机成了"由卖转租"。再举一例：通用电器以前也是传统制造业，现在通过产品、服务的创新，纯粹的制造业务只占主营收的30%，70%的收入都是靠新的产品和服务得到的。

还有就是数字化商业模式的创新。中国在过去20年里做得非常成功。包括数字平台的商业模式的创新，还有数据价值的挖掘。有了智能制造后，可能会有新型的业务模式。比如，有很多公司都在做所谓C2M，由顾客驱动制造流程。

具体要怎么做？

整体架构的核心部分：一个是数据平台，通过设备、传感器、互联网把数据收集到数据平台；依靠数据平台另外一个非常重要的部分——人工智能与优化算法的引擎去进行数据分析。所以，将来我们可能要花很多的功夫去做 AI 和优化算法引擎。为了满足顾客的需求，通过算法和数据来驱动企业的运营，敏捷应对需求变化。

在这个过程里面，我们要通过最优决策，最大化生产和运营的效率，帮助企业突破利润的天花板。通过平台化的建设，实现各个业务模块的互联互通，产业链上下游共生共赢。

当前，制造业企业基本做的还是一个线性供应链，即商业活动和流程围绕少量重要数据构成单向的、线性的供应链结构。也就是说，我们现在流程是比较结构化的，因为数据是结构化的。在此基础上要有一个层级结构做流水作业，这就是我们现在的企业组织形式。

随着网络的发展，以及数据收集能力和数据分析能力的提升，我们有全方位的实时数据，整个企业的生态可以变成网状并发和实时协同的网络——多元分工，多向互动，就产生价值网，为顾客提供更好的价值。

未来我们需要非结构化数据驱动的非结构化流程，不一定有层级结构，也不一定有非常明显的流水作业流程，而是由雇员和顾客驱动的流程。这就要求内部员工要发挥主观能动性，然后顾客提出需求共同来驱动、主导整个企业的业务。这也意味着企业要变成一个网状的结构，而且企业都可以各擅其能，随时可以组合成新的生态，满足新的需求。如果没有需求，这个生态就会自动解散，然后再跟其他企业重新组合，形成新的生态。

以"互联网+"为首的信息技术对产业生产端与销售端两方面的创新性改进，成为当前国内外学者就制造业发展趋势研究的两个主要热点。制造业在生产端技术智能化改进上，Tsosk 等从服务科学出发，认为智能制造服务包含产品服务和生产性服务两部分。有学者发现企业生产过程的智能化是将分布式数控系统、无线传感器网络等设备和智能技术应用到生产过程。

有学者首次提出在生产过程中将多主体系统引入进行仿真模拟，发现了智能制造生产环境提出的新标准。国内学者大都是在借鉴国外先进经验的基础上针对智能制造的模式、发展路径以及影响因素展开相应研究。制造业在销售端满足"互联网+"技术带来产品消费模式变化上，更加强调其与服务业的融合发展。

有学者认为制造业的价值创造是由"有形产品"向"无形服务"转变，其实质是将产品和服务视为有形产品主导向无形服务主导的连续性序列。制造业逐步向服务化转型已成为全球性发展趋势，由单一"制造"发展模式变为"制造+服务"的发展模式所带来的潜在价值随着制造业服务化进程的推进而呈现上升趋势，并逐步超过产品所创造的价值。

针对制造业服务化转型发展的影响因素、路径以及发展模式，当前学者多在经典理论模型上加以论述。有学者提出包含商业发展环境中制造商、渠道拓展商、消费者等主要参与主体的双螺旋轨迹模型对制造业服务化的发展有激发和促进作用。

互联网＋、全球化等，都在一定程度上影响着制造业的发展和未来，也限制或者推动着制造企业的产品结构。

对海外制造业的投资与展望

从当下形势看，在制造业中游制造板块中，出口这一块拉动力量强劲，对计算机通信电子、电气机械、专用设备和铁路船舶等运输设备增加值增速的拉动均超过 2 个百分点；基建投资对于仪器仪表、金属制品两个部门增速的拉动也超过 1 个百分点。

以出口交货值占营业收入的比重衡量制造业子行业的出口依赖度，将这一比重高于 10% 的行业定义为高出口依赖型行业。2021 年中游制造 9 个主要子行业均属高出口依赖型行业，下游消费板块中有文体娱乐用品、家具制造、皮革制鞋、纺织服装服饰、纺织业、医药制造 6 个高出口依赖型行业，而原材料板块各子行业出口依赖度都相对偏低。为衡量出口产业链对制造业子行业的广义影响，我们依据沈利生、吴振宇（2003）的算法，以 2020 年投入产出表计算出口对各部门产出的间接拉动作用，并与其直接拉动作用相比较。

不过，这一衡量方法基于的是 42 部门非竞争性投入产出表，其中将国民经济行业分类中 30 余个制造业子行业合并为了 17 个，颗粒度相对较大。2020 年的数据表明，出口占我国总产出的比重约为 7.0%；剔除进口影响后，我国出口

需求对增加值的带动约 14.8 万亿元，占当年国内生产总值的
14.6%。

不同行业会面临不同的命运，出口对计算机通信电子、
电气机械、仪器仪表、通用设备等中游制造行业，纺织品、
纺织服装、鞋帽皮革等下游消费行业的直接和间接拉动均较
强；而对化学产品、金属加工等原材料行业的直接影响虽然
偏弱，广义影响却不算低。

海外方面，我国汽车产业链的出口竞争力不断提升。随
着新能源汽车渗透率的提升，汽车电动化和智能化的进一步
发展，国内造车新势力和诸多零部件企业迎来新的发展机
遇。7 月我国汽车相关产品（包括汽车、汽车底盘、汽车零
部件等）出口同比增速高达 39.2%，超出我国出口整体增速
21.2 个百分点。

自 2021 年起，我国出口增速复苏。2021 年中国以美元
计价的出口增长 29.9%，经过一段时间低迷期，2022 年 7 月
出口增速上扬至 18%，单月贸易顺差继 6 月后续创历史新高。
出口韧性得益于两个方面。

一是我国出口产品市场占有率维持高位。一方面，我国
出口产品竞争力不断增强，例如汽车、新能源相关产品技术
优势较强，逐步成为出口的重要拉动力量；另一方面，国内
能源、电力价格涨幅可控，与海外 PPI 的增速差拉大，更凸
显出制造业的成本优势。

二是外需整体韧性仍在，东盟对我国出口的拉动提升。
尽管欧美等发达经济体增长预期下滑，但实际经济下行压力
尚未突出，且东盟等发展中经济体也为我国出口增长提供了

基础。2022 年以来，东盟在我国出口中的地位不断提升：我国对东盟的出口占总出口的比重由去年末的 14.6% 提升至 7 月的 16.0%，东盟对我国出口的拉动也由去年末的 2.4% 大增至 4.7%。

后续中国出口的隐忧主要集中在后者，即外需收缩问题。随着主要国家货币政策纷纷快速收紧对抗通胀，经济衰退可能是难以回避的代价。2022 年出口景气度依然较高，支撑着部分制造业行业的投资。若后续出口回落，将对制造业多个子行业，尤其是高资本支出行业的需求冲击较大。

由于内外需表现存在差异，我们对比各制造业行业增加值增速与出口交货值增速，将中下游行业分为四类，分别展望它们的生产和投资走势。

（一）内外需皆较强的行业，除前面提过的电气机械和汽车制造行业外，还有中游制造板块的铁路船舶及其他运输设备、仪器仪表行业，下游消费相关的酒饮料茶、食品制造、烟草制品等行业，其生产与投资需求仍有较强的支撑。

（二）内外需双弱的行业，包括医药制造行业、受全球集装箱短缺拉动的金属制品行业、国内外地产相关的家具制造业和木材加工行业等。当前，内外需皆弱行业多在 2020 年至 2021 年生产表现偏强，投资需求也已集中释放。今年以来，这些行业前期的拉动因素已明显弱化，后续在内外需共同拖累下，生产活动及投资需求皆不容乐观。

（三）内需强于外需的行业，主要是计算机通信和其他电子制造、其他制造两个行业。受全球消费电子景气度低迷拖累，计算机通信和其他电子制造业出口交货值增速较2021年有所下滑。不过，国内促消费政策对行业消费存在一定支撑。往后看，计算机通信和其他电子制造业生产有望维持相对稳定的状态。但该行业今年以来盈利增速较快下滑，且过去两年新建产能增速偏快，后续资本开支加速的空间可能不足。

（四）外需强内需弱的行业，集中于下游可选消费相关的制造领域，如纺织业、纺织服装服饰、皮革制鞋等行业。外需方面，相关行业对应于出口的劳动密集型产品，2022年二季度以来人民币汇率大幅贬值，可能对劳动密集型产品保持竞争力起到了一定作用，但后续外需回落趋势下存在调整压力。往后看，下游可选消费的内需或随中国经济的回暖而缓慢修复，但其外需则在海外经济下行压力逐渐显现后面临更多回落压力，相关行业的生产或取决于内外需走势收敛的速度和力度。不过，可选消费类制造行业需求不振、生产下滑，投资持续收缩，资本开支已出现触底恢复的态势，如后续内需的恢复能够在较大程度上对冲外需的下滑，投资恢复的势头有望延续。

因此，制造业生产在基建托底、内需消费回暖的带动下，单月增速有望逐渐恢复。原材料板块在地产下行、基建托底的背景下，生产有望企稳；但其盈利下滑和预期转弱态势暂难扭转，投资活动或将继续收缩。子行业中：非金属矿物制品受地产需求的影响相比基建部门更大，或将拖累其相对表现；化工品及有色金属加工行业或得益于出口的能源成本优势、汽车及新能源需求的带动，相对表现更强。

　　中游制造板块同时受益于出口景气度高位、基建实物工作量逐步形成、汽车及新能源产业链较快增长的引致需求，仅地产下行压力对其有小幅拖累。在需求因素共振的助推下，中游制造行业的生产增速或稳中有升，但其投资需求前期已较快释放，在预期偏弱环境下或难维持高位。子行业中：电气设备受新能源需求的支撑，仪器仪表行业对基建需求的变化更敏感，相对表现可能更强；金属制品前期在集装箱紧缺背景下需求旺盛，拉动因素趋弱叠加高基数的影响，相对表现或进一步趋弱。不过，中游制造板块面临的风险点在于欧美经济正趋下滑，我国出口增速可能在四季度或年末滞后回落。

　　海外出行需求对纺织服装为代表的可选消费品存在支撑，生产或呈弱修复状态；因其资本开支近两年持续收缩，前期推延的投资需求或随生产的回暖逐步释放出来。子行业中：汽车制造业是相对亮点，但受地产拖累的木材加工和家具制造业、受粮食肉类涨价推升成本的农副产品加工业等行业相对表现可能偏弱。

　　不过，随着一系列稳增长政策的逐步落地及实效显现，企业现金流有望迎来改善，预计有助于将制造业投资全年的增速稳定在 6% 以上。后续中央和地方或进一步出台针对性的财政补助、贷款贴息、税收返还等优惠政策，对改善企业现金流，稳定制造业投资将有所裨益。

我们的前方是星辰大海

当制造业产业集聚，集体冲锋时，作为中国制造的明星企业，作为工业历史上重要一环的中铁工业，接下来，又该如何根据自身具体情况，找准一条适合自己高质量发展的康庄之路呢？

近年来，中铁工业以习近平新时代中国特色社会主义思想为指导，把深入学习贯彻习近平总书记关于改革发展和党的建设系列重要论述作为"第一议题"，把践行"三个转变"重要指示精神、实现高质量发展作为"第一要务"，以高质

世界首台桩梁一体智能造桥机"共工号"被评为"央企十大国之重器"。

量党建引领变革、推动创新、塑造品牌，企业向高质量发展迈出坚实步伐。新签合同额、营业收入、净利润三项主要指标均创历史新高，世界最大直径硬岩掘进机"高加索号"在格鲁吉亚顺利掘进，"越海号"架桥机改写了世界最大吨位整孔预制箱梁运架装备的纪录，新制式轨道交通填补了中国中铁产业空白。

企业党组织的政治优势、组织优势和思想优势取得了明显成效。中铁工业坚持政治引领、聚力铸魂，充分发挥党的领导作用，赓续红色基因，深入研究查证了中共一大代表王尽美在中铁山桥建立党组织的革命历程，成功承办了中国中铁党委党史学习教育实地践学系列活动，制作了党建宣传片《薪火长歌》、微电影《尽善尽美》等一批红色文化产品；统筹推进深化改革三年行动、科改示范行动等工作全面落实落地，中铁装备被国资委评为科改示范标杆企业；推进党史学习教育，扎实开展"我为群众办实事"活动，解决涉及职工切身利益问题；等等。

另外，中铁工业还不断加强"三基"建设、健全机制，提升基层党建质量。首次召开基层党建现场推进会，推行党支部晋位升级管理，量化考评党支部；持续健全基本制度，制定《加强混合所有制企业党建工作的实施意见》等制度，编制《党建工作指导手册》；注重党务干部素质提升，开展党务干部、党支部书记集中培训；发挥考核指挥棒作用，将企业生产经营业绩纳入党建责任制考核；发挥特色党建品牌矩阵作用，推进基层党建与生产经营互融互促。

近年来，中铁工业党委按照"发挥特色优势、培育党建品牌、促进企业发展"工作理念，先后培育了以"红桥"党建、"蜂巢式"党建和"六廉文化"为代表的九个党建工作法，形成了中铁工业特色党建工作法矩阵。为全面贯彻落实党的二十大精神，不断加强和改进企业党建思想政治工作，打造企业特色党建工作品牌，为企业改革创新、高质量发展提供思想动力，按照新时代党的建设新形势、新任务和新要求，结合公司实际，中铁工业着力打造三峰党建品牌。

"三峰"即当先锋、立主峰、攀高峰，是中铁工业党委贯彻落实党的二十大精神，践行习近平总书记"三个转变"重要指示精神的具体实践。"当先锋"：百年源流，开路先锋。先锋代表企业的历史坐标和血脉传承。中铁工业跨越百年，作为央企党组织诞生地，始终听党话、跟党走，坚持尽善尽美、工业强国理念，做民族工业先行者、开路先锋排头兵，持续推动中国制造向中国创造转变。"立主峰"：千锤百炼，挺立主峰。主峰彰显企业的综合实力和责任担当。作为"三个转变"首倡地、中国品牌日发源地、大国重器策源地，中铁工业用实绩和担当报国，擦亮中国制造名片，企业荣获中国质量奖，公司四项主营业务全断面隧道掘进机、桥梁用钢结构、道岔、架桥机等全部被国家工信部认定为制造业"单项冠军"，通过制造实力和产品优势挺立主峰，持续推动中国速度向中国质量转变。"攀高峰"：万众一心，勇攀高峰。高峰引领企业的价值追求和目标方向。聚焦制造强国战略，瞄准世界一流目标，把科技的前沿技术和命脉牢牢掌握在自己手中，攀登中国制造高峰，占据行业制高点，掌握市场话语权，争做产品卓越、品牌卓著、创新领先、治理现代的行业标杆。争做中国第一，更做世界一流，持续推动中国产品向中国品牌转变。

中铁工业将党的领导全面融入公司治理，以打造新时代中铁工业党建品牌融合发展体系为引擎，以党建塑形、铸魂、融合、赋能为4个着力点，以党建融入创新、品牌、质量等企业中心工作为抓手，聚焦主责主业、履行国企担当、争创世界一流，充分发挥党委领导作用、党支部战斗堡垒作用和党员先锋模范作用，形成企业以"三峰"党建为引领，目标统一、上下贯通、凝心聚力的党建工作格局。

与此同时，中铁工业还不断完善人才机制、推进改革，人才队伍建设激发新活力。落实股份公司三项制度改革要求，在领导班子建设上，把政治标准放在首位，坚持以事择人、人岗相适；聚焦年轻干部培养，建立优秀年轻干部库；聚焦高素质人才队伍建设，积极引进高校毕业生和高层次人才；健全容错纠错机制，建立经营投资免责事项清单，激励干部担当作为，人才队伍活力进一步激发。隧道掘进装备主轴承、大排量液压泵等核心技术完成攻关，"共工号""妈湾号"等多项国内外首创产品成功下线，全电脑三臂凿岩台车、智能湿喷台车等隧道施工专用设备助力铁路建设，累计荣获国家级科技奖项14项，企业荣获中国质量奖。

中铁工业注重品牌建设、强化宣传，工业品牌影响力实现新提升。围绕中心工作，讲好工业故事，瑞典金桥、孟加拉国帕德玛大桥等项目受到全球广泛关注；"高加索号""雪域先锋号"等7项元素入选国资委中央企业党的建设工作展；2 个品牌建设案例入选国资委企业品牌建设典型案例；连续成功举办中国品牌日系列活动，构建形成了"中铁工业　世界品牌"品牌效应，2023 年公司品牌价值 152.05 亿元；公司四项主营产品全部成为"制造业单项冠军"。

中铁工业强化责任监督、锤炼作风，营造了风清气正发展环境。压实"两个责任"，建立"六廉"工作室，"六廉"成果在中纪委国家监委网站上被报道；强化政治监督，围绕践行"三个转变"等重点工作开展政治监督；深化作风建设，落实"勤俭办企业十不准"要求，实现了巡察全覆盖。

中铁工业主动融入中心、凝心聚力，努力画出最大最美"同心圆"。坚持党对群团工作的领导，发挥职工群众的主力军和团员青年的生力军作用，组织开展"建功'十四五'奋进新征程"和"大干 100 天决胜保目标"专项劳动竞赛，凝聚广大干部职工的干事创业热情；成功举办青年创新创意大赛，为青年成长成才搭建平台；持续开展劳模工匠选树活动，所属单位荣获"全国五一劳动奖状""工人先锋号""巾帼文明岗""青年文明号"等荣誉。

尽管取得了数不胜数的成绩，也交上了完美的答卷，但是中铁工业领导层知道，未来的路还很漫长，所面临的问题还很尖锐，如何才能立于市场而不倒，如何才能保持中铁工业的先锋精神，从先锋到高峰的蜕变呢？这是一个值得深思和探索的问题，也是中铁工业需要全力完成的课题。

团结凝聚攀新高　强化战略出质量

团结出凝聚力、团结出战斗力。面对残酷的竞争环境，中铁工业更讲团结、讲大局,坚持"工业一盘棋",强化上下内部协同,凝聚强大的发展合力。坚持战略发展协同,强化战略引领,瞄准打造世界一流企业目标,借助专业团队力量,分析主营业务的优势和不足,明确必争和退出领域,进一步优化公司和子公司"十四五"规划。加强了企业的顶层设计,统筹产业布局和产品结构,对子企业实施"一企一策"灵活管控模式,推动各子公司协调发展。围绕主责主业,坚持集成化、集约化、差异化原则,择机开展内部资源整合,实现科研和基地资源共享,形成工业"一盘棋"格局。同时,围绕新兴产业,对标"人有我专、人专我精、人精我特、人特我新"的要求,推出市场竞争力强的差异化产品,探索制定内部协同发展的管理机制,促进各单位实现"抱团取暖",形成协作共赢的良性内部循环。

开展新的商业模式　贡献"中铁工业方案"

在时代中变革,在变革中求新。中铁工业认真贯彻落实党中央、国务院战略决策,按照"四个全面"战略布局的要求,以经济建设为中心,坚持问题导向,妥善处理改革、发展、稳定的关系,切实破除体制机制障碍,探索出先立后破、稳步推进、攻坚决胜的战略,坚定不移做强做优做大。

中铁工业与政府之间,除了合作,还有供应。双方合作之外,积极开展投资的新商业模式。围绕"第二曲线"市场,坚持统筹推进,不断加强项目策划能力,形成具有中铁工业特色的一整套商业模式,为客户提供"中铁工业方案"。

提供方案之后,中铁工业积极强化产品的宣传推广。充分利用新的媒体平台，采取"线上＋线下"相结合的模式，持续加大产品宣传推广力度；积极拓展产品的应用场景，全方位、多渠道推广产品；注重品牌营销，充分用好大型展会、重要行业、重点客户、重要协会等，做好产品宣传和推广，为品牌和产品造声势、树声誉。强化正确经营导向。坚持客户为大，真正摸清客户的需求，推动经营资源向大客户集聚，全面提升"一站式"服务和"一揽子"方案策划能力。

坚持人才强企战略　构建人才队伍"雁阵格局"

人才是第一资源，创新是第一动力。中铁工业高度重视人才，特别是科技人才。中铁工业坚持人才强企战略，坚持建设自主培养与高端引进相结合的人才队伍，坚持打造上下贯通、横向联动的全方位人才培养模式，坚持完善深化改革、与时俱进的队伍建设机制。积极实现人力资源整体由数量型向质量型转变，强化集约型干部人才队伍建设；积极实现干部人才培养工作由各自为政向统筹培育转变，强化公司党委统筹部署，树立"体系管干部人才"理念，形成多元参与、协同高效、统筹实施的新型队伍建设模式；积极实现干部人才管理工作由传统管理向现代治理转变，强化公司两级队伍建设规范化，提升工作效率和现代化水平。通过努力，中铁工业构建了干部人才队伍的"雁阵格局"，搭建了干部人才队伍的培养梯队。

不断强化"三基建设"　营造清正政治生态

中铁工业积极加强组织领导，严肃工作纪律，抓实"三基建设",进一步完善党建"清单式"管理机制,强化党建责任制考核,不断加强和改进新时代企业党的建设工作。坚持党建工作和生产经营深度融合,持续巩固拓展党建活动成果。深入推进党建品牌建设工作,抓好课题研究,打造三峰党建品牌,不断丰富和深化党建品牌内涵。以完成目标任务为根本,以推进项目建设为关键,丰富党建工作载体,创新开展联建共建活动,让党旗在生产经营一线高高飘扬。

中铁工业深入贯彻中央八项规定及其实施细则精神,坚决克服各项工作中的形式主义、官僚主义,严防"四风"问题反弹回潮。持续做强政治监督,严格执行党中央关于加强对"一把手"和领导班子监督的要求,将"一把手"监督作为开展日常监督、专项督查的重点,常态化开展党委书记同所属单位"一把手"、同党员领导干部谈心谈话活动,压实责任,激励作为,推动工作。发挥"大监督"作用,把解决问题、防范风险、促进发展作为着力点,推动发展风气不断向好。推动企业文化管理体系落地生根,把企业文化落实到市场经营、项目管理、科技研发、效益创造等企业生产经营各环节,大力弘扬昂扬向上的"开路先锋"精神。保持反腐高压态势,聚焦重点领域、关键岗位、重要人员,严肃查处靠企吃企、效益流失、暗箱操作等违纪违规问题,提高一体推进不敢腐、不能腐、不想腐的能力和水平,营造风清气正的政治生态。

工业的星星之火燎原在广袤的世界

中铁工业所取得的成绩有目共睹。中铁工业生产的高质量产品，在世界熠熠生辉。中铁工业开辟的市场，已辐射到四海九州。中铁工业人所付出的汗水，也闪耀着迷人的光芒。中铁工业人努力拼搏的前方一定会更加灿烂。

中铁工业人有幸遇到了新时代，从先锋到高峰，在新的历史条件下，他们为着伟大的梦想，砥砺前行，努力拼搏。未来，中铁工业人在党的领导下，将会为国家的工业振兴和经济建设继续努力做出更多、更重要的贡献。

在广袤的中国大地上，像中铁工业这样的优秀企业还有许多，他们在各自的领域，用自己的智慧和力量建设着伟大的祖国。我们也相信，在世界舞台上，像中铁工业这样优秀的前锋，还有许多。他们代表着中国的企业典范，朝着更为广阔的远方奏响强劲的乐章。

责任无比重大，使命无上光荣。我们付出了艰辛，也收获了荣耀。新时代新征程，我们将会谱写更加绚丽的华章。